# AI와 행정의 변화

AI문고

인공지능 시대입니다. 기계가 인간의 인지를 대신하고, 사물이 인간을 통하지 않고 다른 사물과 직접 커뮤니케이션합니다. 이에 따른 인간 삶과 문명 변화를 정확히 이해·예측·대응하는 것은 이 시대 우리 모두의 과제입니다. AI문고는 인공지능 기술과 환경의 여러 주제를 10가지 키워드로 정리합니다. 관련 개념과 이론, 학계와 산업계의 쟁점, 우리 일상의 변화를 다룹니다. 인간과 기술의 현재, 미래를 세심히 분석합니다.

일러두기

- 인명, 작품명, 저서명, 개념어 등은 한글과 함께 괄호 안에 해당 국가의 원어를 병기했습니다.
- 외래어 표기는 현행 어문규정의 외래어표기법을 따랐습니다.
- 자료 검색과 요약, 방법론 등에서 AI를 보조 도구로 활용하였습니다.

처음이세요?

전문가세요?

# AI와 행정의 변화

윤건

대한민국, 서울, 커뮤니케이션북스, 2025

## AI와 행정의 변화

지은이 윤건
펴낸이 박영률

초판 1쇄 펴낸날 2025년 12월 12일

커뮤니케이션북스(주)
출판 등록 2007년 8월 17일 제313-2007-000166호
02880 서울시 성북구 성북로 5-11
전화(02) 7474 001, 팩스(02) 736 5047
commbooks@commbooks.com
www.commbooks.com



ISBN 979-11-430-1240-1 03500

책값은 뒤표지에 표시되어 있습니다.

# 차례

## AI가 바꾸는 정부와 행정의 미래

간접 민주주의 헌법 체제의 기본 맥락을 고려하면, 우리는 우리의 대표로 정부를 구성해 우리의 삶에 중요한 영향을 미치는 제도를 수립하고 집행할 수 있는 권한을 위임했다. 주권자인 국민이 대표를 통해 정부를 구성하고, 이들에게 입법, 행정, 사법의 권한을 부여한 것은 궁극적으로 주인인 우리 자신, 즉 국민의 행복과 복리 증진을 위한 것이다.

그러나 주권자인 국민을 위해 그 권한을 대리하는 정부는 존재하는 순간부터 자체의 논리와 효용을 바탕으로 움직이기 때문에 국민 행복은 단순한 정치적 레토릭이 될 수 있는 위험을 안고 있다. 관료제의 속성상 정부는 조직의 생존과 확대를 우선시하고, 정치인들은 재선을 위한 단기적 성과에 집중하면서 국민의 진정한 행복보다는 가시적 성과나 정치적 수사에 매몰되는 경우가 빈번하다.

이러한 현실은 정부에 대한 낮은 신뢰로 이어지고 있으며, 각종 여론 조사에서 나타나는 정부 불신이 이를 잘 보여 준다.

## 정부의 목적은 국민을 행복하게 하는 것이다

이 시대는 국민 행복에 부정적 영향을 미치는 다양한 난제를 안고 있다. 경제적 불평등 심화와 빈곤 · 실직의 문제, 기후 변화와 각종 재해로 인한 위험과 재난 안전의 문제, 세대 · 지역 · 이념 · 계층 등 다양한 축에 의한 사회 갈등 문제, 개인주의 확산과 공동체 약화로 인한 사회적 고립과 자살 문제, 그리고 공동체의 지속 가능성을 위협하는 저출생과 고령화 문제 등 다양한 난제들이 우리 사회의 지속 가능한 생존을 위협하고 있다.

정부는 이러한 복합적이면서도 서로 밀접히 연관된 난제들에 적극적으로 대응할 수 있는 역량을 갖출 필요가 있다. 전통적인 관료제 중심의 행정 방식이나 거버넌스적 정책 수단만으로는 한계가 있다. 정부 역량의 근본적 강화를 위해 새로운 기술과 혁신적 접근법에 기반한 적극적 실험이 필요한 시점이다.

이와 더불어 행정 효율성 극대화 관점은 국민 행복에서 중요한 위치를 차지한다. 정부는 국민의 세금으로 운영되므로 국민들은 세금이 올바르게 사용되기를 기대한다. 따라서 공공 자원의 효율적 활용과 투명한 운영은 정부 운영의 기본 원칙이 되어야 하며, 정부의 모든 활동은 비용 대비 효과를 고려한 과학적이고 합리적인 의사 결정에 기반해야 한다.

## 인공지능기술은 정부를 변화시키고 국민을 행복하게 할 수 있을까?

2025년 현재 우리는 챗지피티(ChatGPT)라는 변곡점을 지나면서 인공지능(artificial intelligence, AI) 기술 활용 극대화의 시대를 경험하고 있다. 챗지피티 3.5 이후 생성형 AI는 일상생활 깊숙이 침투했으며, 사람들은 GPT로 여행 일정을 짜고, 학교 리포트를 쓰고, 글을 쓰고, 작곡을 하고, 그림을 그리며, 이미지나 영상 자료를 만드는 등 창작과 업무의 전 영역에서 AI를 활용하고 있다.

최근 AI 에이전트가 급속하게 퍼지는 현실은 주목할 만하다. 사용자가 직접 컨트롤하지 않아도 에이전트가 알아서 정보를 찾아주고 정리해 주며 원하는 결과물을 만들어 주는 상황이 일반화되고 있다. 특히 일부 AI 슈퍼 에이전트 서비스는 PPT를 포함한 다양한 문서 자료뿐만 아니라 이미지와 영상 자료까지 자동으로 생성해 주는 멀티모달 서비스를 제공한다.

피지컬 AI 기술의 발전으로 AI 로봇이 일상생활에 더

편만하게 활용될 가능성이 높아진 현실도 무시할 수 없다. 웹상에만 존재하던 AI가 로봇과 센서 등 물리적 장치와 결합해 제조업과 물류, 국방 등 다양한 영역에서 자동화 패러다임을 바꾸고 있다.

이러한 현실을 반영해 2025년 정부도 공공 AX 구상을 구체화하고 있다. 행정안전부는 2024년 공공 GPT 시범 서비스를 개시했으며, 인사혁신처도 공무원 교육과 인사 관리 업무 효율성 향상을 위해 AI 기술을 도입하고 있다. 2025년 4월에는 서울 강남구에서 전 직원을 대상으로 GPT 활용 대회를 개최했는데, 코드를 모르는 공무원들이 정당 현수막 관리 시스템 구축, 힐링센터 강좌 운영 자동화 및 홍보 콘텐츠 제작, 지방세 소송 프롬프트 설계 등 다양한 현장 행정의 혁신 성과를 만들어 냈다.

이러한 정부의 AI 기술 활용은 여러 긍정적 가능성을 제시한다. 첫째, 정부를 효과적으로 변화시키고 복잡한 정책 문제를 해결하며 국민을 행복하게 해 줄 수 있는 가능성이다. AI를 통한 데이터 분석과 예측을 바탕으로 보다 정확하고 효과적인 정책을 수립할 수 있으며, 24시간 민원 서비스와 개인화된 행정 서비스 제공이 가능하다. 둘째, 정부에 대한 국민의 감시 가능성을 높인다. 공공 데이터 개방 확대로 AI를 활용한 정부 데이터 분석과 정책 평가가 용이해지면 국민의 정부 감시 역량이 강화될 수 있다. 셋째, AI 기술을 활용해서 최신의 보고서를 손쉽게 만들 수 있다면 일반 국민의 역량이 높아져 국민과 주민의 직접적이고 실질적인 국정 또는 시정 참여도 가능해질 것이다.

그러나 이러한 장밋빛 미래는 단순한 가능성으로만 남을 수도 있다. GPT 환각 문제가 오히려 AI 불신을 강화해 AI 이탈 현상을 불러오기도 한다. 학습 데이터의 편향성으로 인해 공정성이나 인권 감수성이 결여된 AI가 등장할 수 있으며, 딥 페이크 문제나 보안 문제, 개인 정보 보호 문제, 교묘한 피싱 문제 등 다양한 부작용이 우려된다. 예를 들어 오픈에이아이(OpenAI)의 CEO 샘 올트먼(Samuel H. Altman)은 2025년 7월 연방준비제도 회의에서 음성 복제 기술의 발전이 정교한 사기와 신원 도용을 가능하게 할 수 있다고 경고한 바 있다.

정부 내부적으로는 더 복잡한 문제들이 예상된다. 공무원의 AI 의존도가 높아지면서 AI가 작동하지 않을 때의 대처 문제, 책임 회피의 문제가 발생할 수 있다. 잘못된 정보에 기반한 잘못된 행정과 정책의 가능성과 그러한 정책 오류가 가져오는 심각한 경제 · 사회적 비용 문제도 우려된다. AI 도입으로 한 사람의 공무원이 수행할 수 있는 직무량이 증가해 공무원 인력을 획기적으로 줄이는 일자리 위협의 문제, AI 기술에 적응하기까지 치르게 되는 시간 비용이나 시행착오 문제, 끝까지 적응하지 못하는 인력에 대한 관리 문제에 이르기까지 정부의 AI 활용은 다양한 도전에 직면해 있다.

## 이 책의 목적과 구성

이 책에서는 AI가 정부의 일상을 어떻게 바꿀 수 있는지 그 가능성과 한계를 탐색하고 대안을 모색하고자 한다. 급속하게 발전하는 AI 기술과 정부 영역의 만남에서 발생하는 기회와 위험을 균형 있게 분석하고, 지속 가능하고 효과적인 AI 정부 구현을 위한 방향성을 제시하고자 한다.

이 책은 행정학이라는 학문적 관점을 반영하면서도, 공무원과 일반 국민이 손쉽게 읽을 수 있도록 집필했다. 원인과 결과에 대한 인과적 호기심을 유지하면서도 실무적 함의와 일상적 경험을 연결해 독자들이 AI 정부의 현재와 미래를 쉽게 이해할 수 있도록 했다.

이 책은 크게 네 부분으로 구성된다. 활용성이 높은 GPT와 피지컬 AI를 중심으로 실제적 행정 적용 사례를 논의하는 제1장과 제2장의 파트, 행정의 세부 분야별로

AI의 영향을 분석하는 제3장부터 제5장까지의 파트, AI 정부 생태계의 각 요소로서 역량, 기술/산업, 윤리, 제도 등을 논의하는 제6장부터 제9장까지의 파트, AI 정부의 10년 후 미래 모습을 그려 보는 제10장의 파트까지 크게 네 부분으로 구성된다. 각 장의 세부적인 내용은 다음과 같다.

제1장에서는 GPT가 바꾸는 행정의 일상에 초점을 맞춘다. 2025년 현재 GPT는 공공 조직에서 문서 작성에서부터 통계 분석과 시각화, 학습과 교육의 도구로서 활용성이 높아지고 있다. GPT의 공공 조직에서의 유용성과 한계, 향후 변화 방향에 대해 고찰한다.

제2장에서는 AI 로봇이 바꾸는 행정의 일상을 살펴본다. AI 로봇의 활용성이 높아지면서 국방, 재난 안전, 보건, 복지, 문화 등 다양한 영역에서 AI 로봇이 활용되고 있다. 피지컬 AI를 중심으로 AI 로봇의 주요 사례와 쟁점을 살펴보고 향후 방향성을 탐색한다.

제3장에서는 AI 활용에 의한 공공 관리의 변화 가능성을 탐색한다. AI는 정부 내부 관리 혁신의 주요 수단이 되고 있다. 조직 관리, 인사 관리, 재무 관리 등 정부 내부의 주요 관리 분야별로 AI가 어떻게 활용되고 있고 그로 인한 문제는 무엇인지, 그리고 이를 해결하기 위해 필

요한 사항들을 논의한다.

제4장에서는 AI 활용에 의한 정책 과정의 변화 가능성을 검토한다. AI는 정부의 정책 과정을 어떻게 변화시키고 있는지 AI가 정책 의제 설정 → 정책 분석 → 정책 결정 → 정책 집행 → 정책 평가의 전 과정에 미치는 영향과 각 단계별 쟁점 등을 살펴보고 향후 방향성을 논의한다.

제5장에서는 AI 활용에 의한 현장 행정의 변화 가능성을 살펴본다. 민원 서비스, 규제 집행, 재난 대응, 복지 수급 등 다양한 현장 행정에서 AI 활용 사례를 살펴보고 그 의미와 한계, 대응 방안을 논의한다.

제6장에서는 공무원과 국민의 AI 역량과 리터러시에 대해 논의한다. 정부의 내부 관리나 외부 서비스에 AI 활용성과 지속 가능성을 극대화하려면 정부 업무를 담당하고 있는 공무원과 국민들에게 AI를 이해하고 활용할 수 있는 능력이 필요하다. 우리나라 공무원과 국민의 AI 역량과 리터러시, 그리고 관련 교육의 현황을 살펴보고 그것의 한계와 대응 방향을 논의한다.

제7장에서는 AI 산업에서의 정부 역할을 논의한다. 미국이나 중국을 비롯한 각국 정부들은 AI 산업을 전략 산업으로 보고 적극적인 투자를 진행하고 있다. 우리나라와 주요국의 AI 산업 전략을 검토하고 쟁점과 향후 방

향성을 논의한다.

제8장에서는 공공 AI 윤리를 논의한다. AI는 다양한 윤리적 이슈를 가지고 있다. 이는 정부 영역에서 특히 중요하다. 정부는 AI 윤리의 대상이기도 하고 주체이기도 하다. 전통적인 편향성, 개인 정보 보호, 저작권, 일자리 등의 문제부터 최근 딥 페이크, GPT 환각 현상에 이르기까지 다양한 윤리적 이슈를 검토하고 대응 방안을 논의한다.

제9장에서는 AI 법제를 살펴본다. 정부의 주요 역할은 법과 제도를 만드는 것이다. 법과 제도는 우리나라의 역사적 맥락, 외국 사례, 그리고 그 자체의 다양한 결과의 영향을 받는다. 우리나라의 「인공지능 발전과 신뢰기반 조성 등에 관한 기본법」, EU의 AI법을 중심으로 AI 법제를 검토하고 향후 방향성을 논의한다.

마지막으로 제10장에서는 10년 후 AI 정부가 변화시킬 공무원과 국민 삶의 모습을 예측해 본다. 현재의 조건과 AI 기술의 발전을 고려하고 시나리오 기법에 기반해 10년 후 정부의 미래 모습을 간략하게 검토한다. 이를 기반으로 현재 우리 정부가 준비해야 할 것이 무엇인지 논의한다.

이 책을 통해 AI 시대 행정에 대한 독자들의 이해와 관심이 더 넓고 깊어지기를 기대한다. 이 시대는 일찍이 경험한 어느 시대보다 변화가 심하다. 우리에게는 이러한 시기를 현명하게 대처하고 헤쳐 나갈 수 있는 지혜가 필요하다. 이 책이 그러한 지혜의 형성에 조금이나마 도움이 될 수 있기를 바란다.

### 참고문헌

과학기술정보통신부(2019.12.17). "인공지능(AI) 국가전략 발표". https://www.msit.go.kr/bbs/view.do?sCode=user&mId=113&mPid=112&pageIndex=1&bbsSeqNo=94&nttSeqNo=2405727

디지털플랫폼정부위원회(2025.4.16). "공공부문의 효과적이고 안전한 AI 도입·활용 지원을 위한 범정부 가이드 배포". https://www.dpg.go.kr/DPG/contents/DPG02020000.do?schM=view&id=20250416111508521337&schBcid=press

박광석(2024.11.22). "2025 AI Trend : AI Agent". 모두의연구소. https://modulabs.co.kr/blog/2025-ai-trend-ai-agent

이지현(2025.4.28). "피지컬 AI, 인간과 협력하는 지능형 로봇의 시대". OSS(Open Source Software). https://www.oss.kr/oss_guide/show/7d207907-f60b-492f-aed5-077385ec6b47

전자신문(2025.1.14). ""정부, 올해가 공공 AI 전면 도입 원년" … 공공 AX 종합대책도 수립". https://www.etnews.com/20250114000192

조선일보(2025.4.25). "작년 국내 상장한 로봇 기업만 7곳 … 피지컬 AI로 '퀀텀 점프' 감지되는 국내 로봇 산업계".

https://www.chosun.com/economy/tech_it/2025/04/25/FK33HMZABNGGLJHZJYYGSYS3HE/

최윤정(2025.1.6). “2025년 7대 IT 트렌드 전망 ‘AI 인프라, AI 에이전트, 인간-로봇 상호작용, …’”. SK텔레콤. https://news.sktelecom.com/209135

파이낸셜뉴스(2025.4.20). “믿었던 챗GPT가 환각률 48%라니…, 챗GPT 어쩌나”. https://www.fnnews.com/news/202504201250325892

홍은주(2025.1.15). “AI Agents, 비즈니스 워크플로우와의 통합 (1) AI 에이전트의 발전과 시장 트렌드”. 삼성SDS. https://www.samsungsds.com/kr/insights/integrating-ai-assistants-into-business-workflows-part1.html

CNN Business(2025.7.22). OpenAI CEO Sam Altman warns of an AI ‘fraud crisis’. https://www.cnn.com/2025/07/22/tech/openai-sam-altman-fraud-crisis

The Guardian(2025.7.22). OpenAI CEO tells Federal Reserve confab that entire job categories will disappear due to AI. https://www.theguardian.com/technology/2025/jul/22/openai-sam-altman-congress-ai-jobs

## 01
## GPT가 바꾸는 행정의 일상

GPT는 2022년 11월 챗지피티(ChatGPT) 3.5 출시 이후 우리 삶의 필수 도구가 되었다. 대화형 인터페이스와 딥 러닝 기반 자연어 처리로 행정 업무에 혁신을 가져왔으며, 문서 작업, 데이터 분석, 교육 훈련 등에 활용되고 있다. 최근에는 AI 에이전트 기술 발전으로 업무 자동화가 고도화되었으나, 보안과 정확성 한계가 존재한다. 공공 조직 구성원들의 지속적인 관심과 활용, 체계적 교육이 AI 기반 행정 혁신의 핵심이다.

기후 위기와 인공지능?

## 공공 조직에서 GPT의 유용성

GPT(generative pre-trained transformer)는 오픈에이아이(OpenAI)사의 트랜스포머 모델이다. 이는 방대한 텍스트 데이터를 학습해 언어의 통계적 패턴을 모방함으로써 인간과 유사한 문장을 만들어 내는 생성형 AI 기술로, 오늘날 챗지피티(ChatGPT)의 성공으로 모든 유사 서비스들을 통칭하는 보편적인 용어로 활용되고 있다. 이 글에서는 챗지피티, 클로드(Claude), 제미나이(Gemini) 등 대화창에 기반한 생성형 AI를 통칭하는 용어로 활용한다.

2025년 현재 GPT는 공공 조직의 필수품이 되었다. 특히 2022년 11월 오픈에이아이의 챗지피티 3.5 출시 이후 폭발적으로 활용성이 증대되어 전 세계적으로 혁신의 도구로 주목받고 있다. GPT 기술의 특징은 강력한 상호 작용성과 유연성에 있다. 예를 들어 기존 구글 검색창이 키워드 기반의 일방향적 정보 검색이었다면, GPT 대화창은 자연어 기반의 양방향 대화를 통해 맥락을 이해하고 지속적인 상호 작용이 가능하다. 이러한 의사소통 중심의 접근 방식은 인간-AI 협업의 새로운 패러다임을 제시한다.

GPT는 딥 러닝 기반의 신경망 구조를 통해 패턴을 학습하는 반면, 기존 전문가 시스템이나 챗봇은 규칙 기반으로 작동한다는 근본적 차이가 있다. 이는 GPT가 더 유연하고 창의적인 결과를 생성할 수 있게 하지만, 동시에 예측 불가능성이라는 한계도 갖게 한다.

## GPT는 행정에 어떻게 활용되고 있는가?

GPT의 행정 활용 사례는 2024년과 2025년 들어 급속히 확산되고 있다. 이러한 경향을 반영해 지난 4월 디지털플랫폼정부위원회는 《공공 부문 초거대 AI 도입·활용 가이드라인 2.0》을 배포해 공공 기관의 GPT 활용을 체계적으로 지원하고 있다.

문서 작업 영역에서 GPT는 혁신적인 변화를 가져왔다. 문서 요약, 보고서 생성, 공문 작성, 정책 브리핑 자료 제작 등이 가능하며, 이미지 생성 기능을 통해 시각적 자료까지 함께 제작할 수 있다. 이를 통해 반복적인 행정 문서 작성 업무의 효율성을 크게 향상시키고 있다.

데이터 기반 행정을 위한 데이터 분석 분야에서도 GPT의 활용도가 높다. 복잡한 통계 분석 코드 작성, 데이터 시각화, 정책 효과 분석 등이 자연어 명령만으로 가능해졌다. 이는 비전문가도 고급 통계 분석을 수행할 수 있게 해 데이터 기반 의사 결정의 가능성을 한층 높이고 있다.

공무원 교육 훈련 분야에서는 개인화된 학습 콘텐츠 제공, 실시간 질의응답, 사례 기반 시뮬레이션 등이 가능해졌다.

최근 주목할 만한 발전은 AI 에이전트 기술이다. 예를 들어 스카이워크(Skywork)와 같은 플랫폼은 MCP(model context protocol) 서버들을 활용해 PPT를 비롯한 여러 형식의 문서뿐만 아니라 영상 콘텐츠에 이르기까지 다양한 유형의 아티팩트를 생성할 수 있다. 이러한 기술은 공공 조직의 홍보 자료, 교육 자료, 정책 설명 영상 등을 자동으로 생성할 수 있어서 업무 효율성을 획기적으로 개선할 수 있다.

## GPT는 행정을 얼마나 변화시킬 수 있을까?

GPT의 공공 조직 적용에는 여러 한계가 존재한다. 공공 GPT를 구축할 때 공공 조직의 문서만을 학습시킬 경우, 데이터의 다양성 부족으로 인해 창의적이고 포괄적인 답변 생성에 한계가 있다. 반대로 민간 분야의 문서를 학습할 경우에는 공공성과 중립성, 저작권 등에 대한 우려가 제기될 수 있다.

민간 GPT를 활용하는 경우 보안 문제는 가장 심각한 한계 중 하나다. 공공 조직에서 민간 GPT를 활용할 때

기밀 정보 유출, 「개인정보 보호법」 위반 등의 위험이 존재하기 때문이다. 국가정보원과 국가보안기술연구소의 《챗GPT 등 생성형 AI 활용 보안 가이드라인》(2023.6.29)은 이러한 우려를 반영한다. GPT가 제시하는 결과물의 정확성 문제도 중요하다. 환각(hallucination) 현상으로 인해 부정확한 정보를 생성할 수 있으므로 행정 업무 활용 시 신중한 접근이 필요하다.

이러한 문제들을 해결하기 위한 기술적 노력도 지속되고 있다. RAG(retrieval-augmented generation) 기술을 통해 정확성을 높이고, 온프레미스 구축을 통해 보안을 강화하며, 인간 검토(human-in-the-loop) 시스템을 통해 품질을 보장하는 방안들이 개발되고 있다. 이러한 기술적 노력들은 GPT 기술의 신뢰성을 높이고 활용성을 극대화하는 데 기여할 것이다.

## AI 기반 행정 혁신의 방향

우리는 기술 발전의 불가피성을 인정해야 한다. GPT 기술은 지속적으로 발전할 것이며, 이는 선택이 아닌 필수가 되었다. 중요한 것은 이러한 변화에 어떻게 대응하느냐다. GPT 기술 발전에서 우선시 되어야 할 것은 기술의 인간 중심적 접근이다. 기술이 인간을 대체하는 것이 아니라 인간의 역량을 증강시키고 보완해 주는 방향으로 발전해야 한다. 또한 윤리적 고려와 사회적 책임을 동반한 기술 발전이 필요하다.

GPT를 활용하는 공무원의 관점에서는 관심과 시간 투자가 중요하다. 새로운 기술에 대한 지속적인 관심과 학습 시간 투자 없이는 변화에 적응할 수 없다. 특히 공공 조직의 특성상 안정성을 중시하는 문화가 있지만, 적극적인 시도와 실험이 필요한 시점이다. 시간이 부족한 공공 조직에서 GPT 활용 교육은 실무 중심의 단기 집중 교육과 지속적인 온라인 학습을 병행하는 방향으로 진행되어야 한다. 또한 조직 내 GPT 활용 우수 사례를 공유하고, 부서별 특성에 맞는 맞춤형 교육 프로그램이 필요하다.

GPT는 이미 행정의 일상이 되었다. 중요한 것은 이 변화를 어떻게 현명하게 이용할 것인가 하는 점이다. 기술적 한계를 인정하면서도 적극적으로 활용함으로써 국민 서비스 품질 향상과 행정의 가치 제고를 달성하는 것이 중요하다.

### 참고문헌

국가정보원·국가보안기술연구소(NSR)(2023.6.29). 《챗GPT 등 생성형 AI 활용 보안 가이드라인》.
https://www.ncsc.go.kr:4018/main/cop/bbs/selectBoardArticle.do?bbsId=InstructionGuide_main&nttId=54340
김영욱(2023). "챗GPT! 대화형 AI 챗봇에 꼭 필요한 4가지 인터랙션". 삼성SDS.
https://www.samsungsds.com/kr/insights/chatgpt_conversational_ai_chatbot.html
김태원(2023). "ChatGPT는 혁신의 도구가 될 수 있을까?: ChatGPT 활용 사례 및 전망". 《THE AI REPORT》, 2023-1. NIA AI Future Strategy Center.
https://eiec.kdi.re.kr/policy/domesticView.do?ac=0000173535
데이터 다이빙(2024). "분야별/직무별 ChatGPT 교육과정 소개".
https://datadiving.net/chatgpt-curriculum-top5/
디지털플랫폼정부위원회(2025.4.16). "공공부문의 효과적이고 안전한 AI 도입·활용 지원을 위한 범정부 가이드 배포".
https://www.dpg.go.kr/DPG/contents/DPG02020000.do?schM=view&id=20250416111508521337
양지훈·윤상혁(2023). "ChatGPT를 넘어 생성형 AI 시대로: 미디어·콘텐츠 생성형 AI 서비스 사례와 경쟁력 확보 방안". 《MEDIA ISSUE & TREND DOMESTIC REPORT》, 03. 한국방송통신전파진흥원.
https://www.kca.kr/Media_Issue_Trend/vol55/pdf/Media_Issue_Trend(vol55)_22.pdf
에이아이타임스(2025.2.1). "전국 지자체, AI 행정 본격화 … 무역·안전·민원까지 혁신 가속".
https://www.aitimes.com/news/articleView.html?idxno=167576
한국GPT협회. https://gptkoreaclass.com/

Superb AI(2024). "반드시 알아두어야 할 생성형 AI의 보안 이슈들". https://blog-ko.superb-ai.com/security-issues-in-generative-ai-that-you-need-to-know-about/

Skywork AI(2025.5.22). Skywork launches Skywork Super Agents globally: The "AI-powered office suite" built on deep research. PR Newwire. https://www.prnewswire.com/news-releases/skywork-launches-skywork-super-agents-globally-the-ai-powered-office-suite-built-on-deep-research-302463133.html

## 02
## AI 로봇이 바꾸는 행정의 일상

현재 행정 분야에서 AI 로봇 기술은 보안, 의료, 돌봄 등의 영역에서 한정적으로 활용되고 있으나 최근 GPT 기술이 융합되는 피지컬 AI에서와 같이 향후 기술 발전과 제도 개선을 통해 행정 업무 전반에 일상화될 수 있는 잠재력이 있다. 이 경우, 공무원과 로봇의 협업을 통한 획기적인 업무 효율성 증대와 대민 서비스 혁신이 기대된다.

노래하는 AI 보컬?

## AI 로봇 기술의 잠재력

AI 로봇은 물리적 실체를 가진 로봇이 AI 기술을 통해 자율적으로 환경을 인식하고 판단해 업무를 수행하는 시스템을 의미한다. 최근 피지컬 AI(physical AI) 관점에서 이러한 기술이 주목받고 있다. 피지컬 AI는 디지털 세계의 AI가 물리적 현실에서 작동할 수 있도록 하는 기술로, 로봇이 실제 환경에서 복잡한 작업을 수행할 수 있게 한다.

특히 피지컬 AI와 GPT와 같은 대화형 AI 기술이 결합되면서 AI 로봇의 활용 범위가 급속도로 확장되고 있다. 피규어AI(Figure AI)사는 2022년 설립 이후 2024년 3월 피규어 01(Figure 01), 같은 해 8월에 피규어 02(Figure 02), 2025년 2월 헬릭스(Helix) 등 챗지피티를 탑재한 휴머노이드형 피지컬 AI를 연이어 발표했다. 특히 헬릭스(Helix)는 시각-언어-행동 모델로, 본 적 없는 물체를 실시간으로 조작하고 로봇들이 상호 협력적으로 업무를 수행한다.

엔비디아(NVIDIA)는 2025년 3월 휴머노이드 로봇을 위한 개방형 기반 모델 아이작 그루트 N1(Isaac GROOT N1)을 공개해 로봇 개발 생태계를 혁신하고 있다. 이는 대규모 언어 모델(large language model, LLM) 기반의

AI 모델, 학습 공간으로서 디지털 트윈, 여러 센서 입력을 처리하는 에지 컴퓨팅으로 구성한 것이 특징이다. 구글(Google)의 딥마인드(DeepMind)는 2024년 8월 제미나이(비전 언어 모델, VLM 탑재)를 기반으로 인간 수준의 탁구 실력을 갖춘 로봇을 개발해 알파고를 넘어 복잡한 물리적 상호 작용에서 활용되는 AI의 가능성을 보여주었다. 테슬라(Tesla)는 2025년 6월부터 미국 텍사스주 오스틴에서 운전자 개입 없는 완전 자율 주행 로보택시 서비스를 시작했다.

이러한 기술 발전은 행정 분야에도 새로운 가능성을 제시하고 있다. AI 로봇이 행정 업무의 효율성을 높이고 공공 서비스 품질을 개선할 수 있는 잠재력이 커지고 있는 것이다.

## AI 로봇은 행정을 어떻게 변화시키고 있는가?

현재 AI 로봇은 행정 분야의 여러 영역에서 실질적인 변화를 만들어 내고 있다. 우선, 보안 및 안전 분야에서 미국 스타트업 스카이디오(Skydio)의 안보용 드론 X10D는 원격 조종이 아닌 자율적 환경 인지와 판단을 통해 작동하며, 컴퓨터 비전과 실시간 AI 프로세싱으로 GPS 신호가 없어도 자율 비행과 복잡한 임무를 수행한다. 미국

국방부, 연방 기관, 소방·경찰 등 공공 안전 기관에서 이를 적극 도입하고 있으며, 2025년 5월에는 미군의 단거리 정찰 프로그램에 배치되었다.

의료 및 재활 분야에서도 AI 로봇의 활용이 확산되고 있다. 화성시 동탄아르딤복지관은 로봇 재활실을 운영하며 워크봇(WALKBOT)과 상지 재활 로봇 U30A를 통해 장애인 재활 서비스를 제공하고 있다. 미국에서는 딜리전트 로보틱스(Diligent Robotics)의 목시(Moxi)가 병원에서 자율적으로 환경을 이해하고 학습하며, 물품 배송과 같은 물리적 작업을 수행하고 있다. 이 로봇은 지금까지 100만 건 이상의 배송을 완료하고 11만 회 이상의 자율 엘리베이터 탑승을 기록했다.

돌봄 분야에서의 활용도 주목할 만하다. 일본 후생노동성은 2016년부터 헬스케어 로봇을 지원해 왔으며, 요양 시설에서 소형 말벗 로봇인 파로(PARO)와 로보혼(RoboHon)이 입소자의 감정 반응을 학습해 맞춤형 대화를 제공하며 치매 예방 프로그램에 활용되고 있다. 미국 뉴욕주 노인국(NYSOFA)은 2018년부터 노인들에게 반려 로봇 엘리큐(ElliQ)를 제공해 95%의 외로움 감소 효과를 나타냈다고 한다. 우리나라 원더풀플랫폼의 돌봄 로봇 '다솜' 역시 챗지피티를 탑재해 노인과의 자연스

러운 대화가 가능하다.

## AI 로봇의 한계와 가능성

현재 공공 조직의 AI 로봇 활용은 재난 안전, 돌봄, 보건 의료 등 특정 분야에 한정되어 있다. 이는 기본적으로 피지컬 AI의 기술적 한계에 기인하지만 공공 조직의 기본적 특성 때문이기도 하다. 공공 기관들은 AI 도입의 가장 큰 장애 요인으로 예산 부족(46%)을 꼽았으며, 기술적 성숙도 부족, 개인 정보 보호 등 규제 이슈, 조직 내 수용성 문제 등이 복합적으로 작용하는 것으로 조사되었다. 다른 분야에서 활용이 어려운 이유는 명확하다. 첫째, 일반 행정 업무는 표준화가 어렵고 상황별 판단이 필요한 경우가 많아 현재 AI 로봇 기술 수준으로는 완전 자동화가 쉽지 않다. 둘째, 공공 부문의 민원 처리나 정책 결정 등은 법적 책임과 윤리적 판단이 수반되어 인간의 개입이 필수적이다. AI 로봇의 책임성 설정이 용이하지 않다. 셋째, 기존 행정 시스템과의 호환성 문제와 대규모 초기 투자 비용이 부담으로 작용한다.

실제 공공 조직의 많은 분야에 AI 로봇이 도입되려면 최소 10~15년의 시간이 소요될 것으로 예측된다. 기술 발전 속도, 규제 완화, 예산 확보, 조직 문화 변화 등이 복합적으로 이루어져야 한다.

그러나 AI 로봇이 행정 분야에 광범위하게 도입될 경우 행정의 일상은 크게 변화할 것이다. 우선 단순 반복적인 물리 업무의 자동화로 공무원들이 창의적이고 전문적인 업무에 집중할 수 있게 된다. 24시간 서비스 제공이 가능해지면 대민 서비스 접근성이 향상될 것이고, 정확하고 일관된 업무 처리로 행정의 신뢰성이 증대될 것이다. 또한 정확하고 신속한 데이터 기반 의사 결정 지원으로 정책 과정의 과학화가 강화되고, 위험 업무에서 공무원의 안전이 보장될 수 있다.

## AI 로봇과 미래의 행정

AI 로봇 기술이 GPT와 같은 대화형 AI 기술과 융합될 때 그 일상화는 더욱 빠르게 도래할 수 있다. 피지컬 AI와 언어 모델의 결합은 로봇이 단순한 작업 수행을 넘어 상황을 이해하고 소통하며 학습할 수 있게 한다. 이는 행정 현장에서 로봇의 일상화가 예상보다 빠르게 도래할 가능성과 기대를 높인다.

따라서 정부는 AI 로봇의 일상화를 적극적으로 대비할 필요가 있다. 첫째, AI 로봇을 일상적으로 활용할 수 있는 법·제도적 근거와 규정을 마련해야 한다. AI 로봇 활용을 장려하고 이 과정에서 나타날 수 있는 문제들에 즉각적인 대응이 가능하도록 명확한 지침을 준비해야 한다. 둘째, AI 로봇 활용에 대한 공무원의 역량을 강화해야 한다. 각종 교육을 통해 AI 로봇 활용법에 대한 리터러시를 강화하고 AI 로봇과의 협업에 익숙해질 수 있도록 지원해야 한다. 셋째, AI 로봇 기술의 지속 가능성을 지원해야 한다. 정부가 AI 로봇 관련 기술과 산업의 직접적인 수요자로서 적극적인 역할을 수행하고, 끊임없는 집행 모니터링과 환류를 통해 로봇을 통제하며, 지속적인 업데이트와 업그레이드를 통해 기술 최신성을 유지하도록 해야 한다.

미래의 행정은 AI 로봇이 반복적이고 물리적인 업무(문서 처리, 민원 접수, 시설 관리 등)를 담당하고, 공무원은 정책 기획, 이해관계자와의 대면 조정, 윤리적 판단, 창의적 문제 해결 등 인간 고유의 역량이 필요한 업무에 집중하는 방향으로 발전할 것이다. 이러한 인간-로봇 협업 시스템이 행정의 효율성과 효과성, 대민 서비스 품질을 동시에 향상시키면서, 24시간 민원 서비스와 완벽한 다국어 지원 등 지금까지 경험하지 못했던 새로운 공공 거버넌스 모델을 만들어 낼 것으로 기대된다.

## 참고문헌

서울경제(2021.7.28). "화성시동탄아르딤복지관, 웨어러블 보행재활로봇 '엔젤렉스M' 서비스 개시".
https://www.sedaily.com/NewsVIew/22P35UYPCI

연합뉴스(2023.9.29). "공공기관 46% '예산 부족이 AI 도입 장애 요인'".
https://www.yna.co.kr/view/AKR20230926107200017

이해수 외(2025.5.13). "피지컬 AI의 현황과 시사점". 소프트웨어정책연구소.
https://spri.kr/posts/view/23873?code=issue_reports

조선일보(2025.6.23). "테슬라 로보택시 서비스 시작 … 웨이모·죽스와 자율주행 경쟁 본격화".
https://www.chosun.com/economy/tech_it/2025/06/23/PTGB4XF7M5ELNMBXLLFQT4MQGA/

피앤피뉴스(2025.3.20). ""공무원 업무, AI가 바꾼다" … 인사혁신처, '인공지능 업무 활용 안내서' 배포".
https://www.gosiweek.com/article/1065582336937604

한국경제(2025.3.20). ""수개월 걸리던 업무, 한달로" … 공직 사회에 부는 'AI 혁신'".
https://www.hankyung.com/article/202503206332i

Google DeepMind(2024.8.7). Achieving human level competitive robot table tennis.
https://deepmind.google/research/publications/107741/

NVIDIA Research(2025.3.17). NVIDIA Isaac GR00T N1: An open foundation model for humanoid robots.
https://research.nvidia.com/publication/2025-03_nvidia-isaac-gr00t-n1-open-foundation-model-humanoid-robots

NYSOFA(2023). NYSOFA's rollout of AI companion robot ElliQ

shows 95% reduction in loneliness. New York State Office for the Aging.
https://aging.ny.gov/news/nysofas-rollout-ai-companion-robot-elliq-shows-95-reduction-loneliness

Skydio(2025.5.5). Skydio delivers the first systems for Tranche 2 of the U.S. Army's Short Range Reconnaissance Program, Equipping a Deploying Unit in Days.
https://www.skydio.com/blog/skydio-delivers-first-systems-for-army-srr-t2

The Robot Report Staff(2025.2.18). Diligent Robotics hits 1M picks with Moxi robot in healthcare settings. The Robot Report.
https://www.therobotreport.com/diligent-robotics-hits-1m-picks-with-moxi-robot-in-healthcare-settings/

## 03
## AI와 공공 관리의 변화

AI 기술이 정부 공공 관리의 전 영역에 본격 도입되고 있다. 정부는 2025년을 "공공 AI 전면 도입 원년"으로 선언하고, 정부의 일하는 방식과 행정 서비스 혁신을 목표로 하고 있다. AI 기술은 정부의 공공 관리 과정에서 예측적 서비스와 실시간 분석을 가능하게 하지만, 기술적 한계와 편향성 문제도 존재한다. 따라서 AI의 정확성과 신뢰성 향상이 필요하며, 최종 책임은 여전히 정부와 공무원에게 있다는 원칙을 견지해야 한다.

인공지능과 편향?

## AI 기반 공공 관리 패러다임의 변화

AI 기술이 정부 내부 조직 관리, 인사 관리, 재무 관리에 적극적으로 활용되기 시작하면서 정부의 공공 관리 패러다임의 혁신적 변화가 예고되고 있다. 특히 정부는 2025년을 "공공 AI 전면 도입 원년"으로 선언하고, 적극적인 AI 기술 도입으로 정부의 일하는 방식과 행정 서비스 혁신을 추진하고 있다.

이를 위해 정부는 범정부 AI 공통 기반, 지능형 업무관리 플랫폼이나 AI 공통 지원 서비스 등 각종 AI 활용 시스템과 데이터 공유 플랫폼 구축, AI 리터러시 강화를 위한 맞춤형 프로그램 마련 등 활용 기반과 정책 · 시스템 마련에 집중하고 있다. 이는 단순한 기술 도입을 넘어 공공 관리 방식의 근본적 변화의 시작으로 이해된다.

## AI 기술이 공공 관리에 어떻게 적용되고 있는가

최근 정부의 공공 AI 전환(government AI transformation, Gov AX) 논의는 AI 기반 정부 혁신의 핵심을 이루고 있다. 정부는 2030년까지 공공 부문 AI 도입률 95% 달성을 목표로 공공 부문의 전 영역에서 AI 기술을 도입하려고 한다.

행정안전부는 2024년부터 정부 전용 생성형 AI 행정 지원 서비스를 시범 운영하고 있다. 이 서비스는 문서 요약 및 초안 작성, 법령·지침 정보 검색, 정보 공개 민원 관련 업무를 지원하는 최초의 정부 전용 AI 서비스다. 행정안전부는 LG와 SKT 등과 협업해 개발한 이 시스템을 통해 공무원들의 반복적이고 단순한 업무를 자동화하고, 보다 창조적이고 정책적인 업무에 집중할 수 있도록 지원한다.

행정안전부가 도입한 AI 음성 인식 회의록 솔루노트(SOLUNOTE)는 실시간 녹음이나 녹취 음성·영상 파일을 등록하면 텍스트 변환과 화자 분리 기술을 통해 자동으로 회의록을 생성해 주는 솔루션이다. 이 시스템은 회의 참석자별로 발언 내용을 구분해 정리함으로써 회의록 작성 시간을 대폭 단축시킨다.

인사혁신처는 기존 전자 인사 관리 시스템 'e-사람'을 3세대 지능형 시스템으로 전면 재구축하고 있다. 2024년부터 3년간 본격적인 시스템 구축을 진행해 2026년에는 모든 부처가 활용할 수 있도록 확산시킬 계획이다. 3세대 e-사람은 입직부터 퇴직까지 인사 행정 전 과정을 디지털화하고, AI 챗봇이 공무원 개개인에게 필요한 맞춤형 정보를 제공하는 기능을 갖추고 있다. 이 시스템은 승진 예측, 보직 적합성 분석, 교육 필요도 평가 등의 AI

기반 기능을 통해 보다 과학적이고 객관적 인사 관리를 가능하게 한다.

인사혁신처가 구축한 지능형 인재 개발 플랫폼은 AI와 빅 데이터 기술을 활용해 개인 맞춤형 학습과 데이터 기반 공무원 교육 정책을 지원한다. 이 플랫폼은 개별 공무원의 직급, 업무 분야, 학습 패턴, 성과 이력을 종합 분석해 최적의 교육 과정을 자동으로 추천한다. 또한 교육 효과를 실시간으로 모니터링해 교육 프로그램의 지속적인 개선을 지원하고 있다.

기획재정부가 운영하는 데이터 분석 서비스 KODAS (Korea data analysis service)는 재정 데이터, 사회 · 경제 데이터, 행정 데이터 및 민간 데이터를 융합해 분석하는 AI 기반 데이터 분석 플랫폼이다. KODAS는 분석 결과를 정책 과정에 활용함으로써 데이터 기반 행정이 실현되도록 지원하며, 예산 편성과 재정 정책 수립 과정에서 AI 기반 예측 분석과 시뮬레이션 기능을 제공해 보다 과학적인 재정 운용을 가능하게 한다.

경기도는 전국 지방 자치 단체 중 최초로 '경기 생성형 AI 플랫폼 구축 사업'을 추진하고 있다. 130억 원 규모의 이 사업은 2026년 4월에 완료될 예정이며, KT를 포함해 엠티데이타, 와이즈넛, 코난테크놀로지, 대신정보통신

등 5개사가 참여한다. 이 플랫폼은 생성형 AI와 대규모 언어 모델(LLM)을 활용해 공무원의 문서 작성 · 분석 업무를 지원하고, 도민이 필요로 하는 정보를 신속하게 제공하는 것을 목표로 한다. 특히 정책 브리핑 자료 작성, 조례 검토, 민원 분석 등의 업무에서 획기적인 효율성 향상을 기대하고 있다.

금융 기관 중에서는 KB금융그룹의 AI 기반 인력 배치 시스템이 주목받고 있다. 2022년 12월 KB국민은행은 금융권 최초로 AI 기반 영업점 이동 배치 시스템을 도입했다. 이 시스템은 850여 개 영업점의 순환 근무와 인력 배치를 AI가 최적화해 제안한다. 또한 직원 거주지, 자격증 취득 정보, 관심 분야 등의 직원 정보를 반영한 AI 기반 인재 추천 시스템도 적용했다.

## 공공 관리 수단으로서의 AI 기술 가능성과 한계

AI 기술이 없어서 전에는 할 수 없었던 업무가 이제 가능해지고 있다. 실시간 정책 효과 분석, 예측적 행정 서비스 제공, 대용량 민원 데이터 분석을 통한 정책 수요 예측 등이 대표적이다. 여기에 자율적으로 목표를 달성하는 AI 에이전트 기술은 신속성을 요구하는 복잡한 행정 환경에서 파괴적 혁신을 가져올 것으로 기대된다.

장기적으로 정부 조직의 구조에 미치는 영향도 상당할 것으로 보인다. AI 기술로 한 사람이 수행할 수 있는 직무량이 늘어나면 통솔 범위가 넓어지고 계층 수는 줄어들게 되는데, 이는 정부 조직의 수평화와 효율성 증대로 이어질 수 있다.

AI 기반의 인사 관리에서는 AI의 편향성과 환각 현상을 경계할 필요가 있다. AI 기반 채용이나 성과 평가에서는 편향된 데이터 학습에 기반한 AI 기술의 편향성이 공정성 문제를 야기할 수 있다. AI 기반의 교육에서는 교육생이 AI의 환각 현상으로 잘못된 지식을 학습할 수 있다. 이는 전문성 함양이라는 교육의 본질적 목적에 치명적일 수 있다.

또한 AI 기술에 기반한 정부 재정 및 예산 관리에서는 투명성과 정확성 확보에 유의해야 한다. AI 시스템의 의사 결정 과정이 블랙박스화될 경우 재정 운용의 투명성이 저해될 수 있고, 정확성에 문제가 발생할 경우 재무 관리의 근간이 흔들릴 수 있다는 점도 명심해야 한다.

결국 공공 관리에 AI 기술 활용 시 결과의 정확성과 신뢰성 확보를 위한 사실 검증이 가장 중요할 것으로 보인다. 잘못된 정보나 편향된 분석이 공공 부문의 관리적 의사 결정에 영향을 미칠 경우 정부 내외부적으로 심각한 파급 효과를 가져올 수 있다. 이에 대응해 AI 신뢰성 검증 기술의 확보가 중요하다. AI 데이터 품질 검증, AI 신뢰 체계 정립, 팩트 체크 기술 등이 시도되고 있으며, 한국표준협회(KSA)는 AI+ 인증 시스템을 통해 AI 시스템의 신뢰성을 검증하고 있다.

## AI 기반 공공 관리 혁신의 조건

AI 기술이 정부의 관리 능력을 극대화할 수 있는 잠재력은 분명하다. AI를 통해 더 효율적이고 예측 가능한 행정 서비스를 제공할 수 있으며, 데이터 기반의 과학적 정책 결정이 가능해질 것이다.

다만 AI 기술의 지속적인 발전이 전제되어야 한다. 특히 공공 관리와 관련해 AI 기술이 발전해야 하는 부분은 정확성과 신뢰성이다. 편향성을 최소화하고 투명한 의사 결정 과정을 보장하는 기술적 진보가 필요하다.

무엇보다 책임성은 정부와 그 속에서 일하는 공무원들의 가장 중요한 원리이자 공직 가치라는 점을 명확히 해야 한다. AI와 협업하더라도 최종 책임은 정부와 공무원에게 있으며, AI는 의사 결정을 지원하는 도구일 뿐 의사 결정의 주체가 될 수는 없다. 이러한 원칙하에서 AI와 인간의 협력적 거버넌스가 구축될 때 진정한 의미의 AI

정부가 실현될 수 있을 것이다.

## 참고문헌


과학기술정보통신부(2019.12.17). "인공지능(AI) 국가전략 발표". https://www.msit.go.kr/bbs/view.do?sCode=user&mId=113&mPid=112&pageIndex=1&bbsSeqNo=94&nttSeqNo=2405727

과학기술정보통신부(2024.9.26). "인공지능 3대 강국(AI G3) 도약을 위한 대한민국 AI 혁신의 청사진 제시". https://www.msit.go.kr/bbs/view.do?sCode=user&mId=113&mPid=238&pageIndex=3&bbsSeqNo=94&nttSeqNo=3184952&ref=ai-ethics.kr

기획재정부. "KODAS 개요". 열린재정 재정정보공개시스템. https://www.openfiscaldata.go.kr/op/ko/sb/UOPKOSBB01

김병준(2021). "실시간 검증 가능한 AI, 한계도 있어…". 《팩트체크 동향리포트 FACT(팩트)》, 21~24쪽. https://www.dbpia.co.kr/journal/articleDetail?nodeId=NODE11112287

대한민국 정책브리핑(2022.6.2). "정부 인사행정 전면 디지털화… 3세대 e-사람, 2026년 전부처 활용". https://www.korea.kr/news/policyNewsView.do?newsId=148902182

대한민국 정책브리핑(2023.1.3). "인공지능·빅데이터 기반 공무원 교육 본격 시작". https://www.korea.kr/news/policyNewsView.do?newsId=148910124

대한민국 정책브리핑(2024.6.12). "AI가 문서 요약·작성… 행안부, 'AI 행정지원 서비스' 시범운영".

https://www.korea.kr/news/policyNewsView.do?newsId=148930176
매일경제(2025.7.28). "KT, 131억 규모 경기도 생성형 AI 플랫폼 구축 본격 추진". https://www.mk.co.kr/news/it/11379121
솔루게이트. "음성 AI 회의록(SOLUNOTE)". http://solugate.com/solutions/solutions_solunote
에이아이타임스(2022.7.12). "인공지능 편향성 해결사 'AI 신뢰성 검증', 유망 직업으로 부각". https://www.aitimes.com/news/articleView.html?idxno=145710
에이아이타임스(2024.12.26). "KB금융, 2025년 '효율경영'과 '혁신성장' 위한 조직개편 및 경영진 인사 실시… "인공지능 조직 강화"". https://www.aitimes.kr/news/articleView.html?idxno=33391
임영모 외(2025.4.30). "2024년 공공부문 AI 도입현황 연구". 소프트웨어정책연구소. https://spri.kr/posts/view/23866?code=data_all&study_type=research
전자신문(2022.12.21). ""AI로 인력 배치"… KB금융 'AI경영시대'". https://www.etnews.com/20221221000210
전자신문(2023.7.25). "3세대 전자인사관리시스템(e-사람)과 정부인사 디지털 혁신". https://www.etnews.com/20230725000012
전자신문(2024.10.28). "공무원 AI 역량 강화… 국·과장 등 직급별 맞춤 교육 제공". https://m.etnews.com/20241028000173?obj=Tzo4OiJzdGRDbGFzcyI6Mjp7czo3OiJyZWZlcmVyIjtOO3M6NzoiZm9yd2FyZCI7czoxMzoid2ViIHRvIG1vYmlsZSI7fQ%3D%3D

전자신문(2025.1.14). “정부, “올해가 공공 AI 전면 도입 원년” … 공공 AX 종합대책도 수립”. https://www.etnews.com/20250114000192

전자신문(2025.3.7). “경기도, 전국 최초 생성형 AI 기반 행정 플랫폼 구축 사업 추진”. https://www.etnews.com/20250307000325

조원영 외(2022.5.24). “인공지능 신뢰체계 정립방안 연구”. 소프트웨어정책연구소. https://spri.kr/posts/view/23438?code=data_all&study_type=research

행정안전부(2024.6.12). “최초의 정부 전용 생성형 인공지능(AI), 시범서비스 시작”. https://www.mois.go.kr/frt/bbs/type010/commonSelectBoardArticle.do?bbsId=BBSMSTR_000000000008&nttId=109883

한국표준협회. “AI+ 인증”. https://ksa.or.kr/ksa_kr/6962/subview.do

Unite.AI(2025.1.16). The rise of agentic AI: A look back at 2024 and predictions for 2025. https://www.unite.ai/the-rise-of-agentic-ai-a-look-back-at-2024-and-predictions-for-2025/

# 04
# AI와 정책 과정의 변화

AI 기술은 정책 의제 설정부터 평가까지 정책 과정 전반에 혁신적 변화를 가져오고 있다. AI는 정책 분석 자동화와 신속성 향상, 국민 참여 확대의 가능성을 제시하지만 민주성과 투명성, 개인 정보 보호의 한계도 존재한다. 효과적 정책 혁신을 위해서는 인간-AI 협업 체계 구축과 국민 신뢰 확보가 필수적이다.

청각장애인과 AI?

## AI 전환 시대 정책과 정책 과정

정책 과정은 정부가 정책 문제를 인식하고 해결하는 과정으로, 현대 민주주의 국가에서 정부 운영의 핵심을 이룬다. 이는 정책 의제 설정, 정책 분석, 정책 결정, 정책 집행, 정책 평가를 거쳐 환류되는 순환적 특성을 지니며, 각 단계에서 정부를 포함한 수많은 공식적 · 비공식적 참여자들이 관여한다.

정책의 장에는 중앙 정부(대통령, 장관, 관료제), 지방 자치 단체(광역/기초, 단체장/지방 의회), 정책 대상으로서의 이익 집단과 개별 기업 및 국민, 언론, 전문가, 여론 조사 기관, 기타 일반 국민 등 다양한 이해관계 주체들이 역동적으로 상호 작용한다. 이러한 복잡한 상호 작용 속에서 최근 정책 과정에는 증거 기반 정책(evidence-based policy)이 강조되고 있으며, 이는 과학적이며 객관적인 데이터 분석에 기반해 정책을 수립하고 집행하는 접근법이다.

AI 전환(AX) 시대 AI 기술의 급속한 발전이 정책 과정의 본질적 특성에 전례 없는 영향을 미치고 있다. 2024년 미국 연방 정부는 1400개 이상의 AI 활용 사례를 공개하며 전년 대비 200% 증가한 AI 도입 현황을 보고했으며, 우리나라 역시 최근 '공공 부문 AI 대전환 종합 대책'

수립을 준비하고 있다. 본 장에서는 이러한 AI 기술이 정책 과정의 각 단계에 어떠한 혁신적 변화를 가져오고 있는지, 그리고 그 가능성과 한계는 무엇인지를 검토한다.

## AI로 인한 정책 과정의 변화

정책 의제 설정 단계에서 AI는 빅 데이터 분석을 통해 새로운 정책 문제를 조기에 발견하고 우선순위를 설정하는 데 기여하고 있다. 2025년 트럼프 행정부는 AI Action Plan을 통해 정부 운영의 효율성 향상과 새로운 정책 기회 발굴을 위한 AI 활용을 확대하고 있다.

국내에서는 서울시가 2024년 AI 기반 시민 신고 및 신고 가치 분석 서비스를 도입해 시민들의 다양한 신고 데이터를 실시간으로 분석해 정책 우선순위를 결정하는 시스템을 구축했다. 이러한 시스템은 전통적인 정책 의제 설정 과정에서 놓칠 수 있는 잠재적 정책 문제들을 조기에 발견할 수 있게 한다.

정책 분석 단계에서는 AI의 데이터 처리 능력과 예측 모델링이 정책 대안의 효과성을 사전에 평가하는 데 활용되고 있다. 2024년 유럽연합(EU)의 「인공지능법(AI Act)」 시행과 함께 유럽 각국 정부들은 고위험 AI 시스템에 대한 투명성, 편향 탐지, 인간 감독 등의 요구 사항을 충족하기 위한 정책 분석 도구를 개발하고 있다.

미국 정부는 2024년 연방 기관의 AI 활용 현황 조사를 통해 보건 복지 서비스, 공공 혜택 행정, 법 집행 및 국가 보안 등 다양한 분야에서 AI 기반 정책 분석이 이루어지고 있음을 확인했다. 특히 예측 분석을 통한 정책 효과 모델링과 실시간 데이터 모니터링을 통한 정책 조정이 가능해지고 있다.

정책 결정 단계에서 AI는 의사 결정 지원 시스템으로 활용되어 복잡한 정책 환경에서 최적의 선택을 도출하는 데 기여하고 있다. 2025년 예일대학교의 연구에 따르면, AI가 통합된 정책 결정 과정은 특히 시민 협치와 결합될 때 정책 신뢰가 높다. 다만 AI 사용에 대한 대량의 세부 정보 제공은 비전문가인 대중을 압도하고 혼란스럽게 해 '투명성 딜레마'를 야기할 수 있다는 점도 고려할 필요가 있다.

정책 집행 단계에서는 AI 기반의 자동화된 맞춤형 서비스 제공과 규제 집행이 확산되고 있다. 예를 들어 2024년 미국 복지 행정에서의 심사 및 분류 과정 자동화, 챗봇 민원 응대, 부정 수급 적발 등이나 규제 집행 분야에서의 AI 기반 범죄 패턴 분석이나 위험 탐지 등이 대표적이다. 다만 이 과정에서 개인 정보 보호나 AI 편향성 문제가 제기될 수 있다. 실제 2024년 호주 정부는 AI 사용에 대한 새로운 가이드라인을 발표해 정부 기관들이 AI를 활용한 서비스 제공 시 개인 정보 보호와 편향 방지의 구체적 지침을 따르도록 한 바 있다.

정책 평가 단계에서는 AI를 통한 실시간 성과 모니터링과 효과성 분석이 가능해진다. 예를 들어 공공 정책에 대한 텍스트 감정 분석을 통해 만족도 평가가 가능하다. 트랜스포머(Transformer) 기반 자연어 처리 모델이나 대규모 언어 모델을 통해 대규모 텍스트에서 보다 정확한 감정을 포착할 수 있다. AI 기술은 이러한 정책의 실시간 모니터링과 평가에 기반한 조기 개입을 가능하게 해 정책 성과의 향상에 기여할 수 있다.

## AI 기반 정책 과정 혁신의 한계와 가능성

정책 과정 혁신의 본질은 정책 문제를 신속하게 해결하는 것이다. AI는 데이터 처리 속도와 분석 정확성을 크게 향상시켜 정책 과정의 신속성에 기여할 수 있으며, 공공 정책 사이클에서 더 빠르고 정확한 데이터 분석을 촉진할 잠재력을 가지고 있다.

우리 헌법은 국민 주권 원칙을 바탕으로 하며, 이에 따라 정책 형성 과정에서 민주성을 핵심 가치로 한다. AI는 실시간 데이터 분석, 예측 모델링, 온라인 참여 플랫폼 등을 통해 국민 참여의 새로운 혁신을 가능하게 한다. 그러나 AI는 잘못된 정보 확산, 편향된 알고리즘, 책임 소재 불명확성 등 새로운 위험 요소를 수반한다.

AI 기반 정책 결정의 혁신성을 살리면서 한계를 극복하기 위해서는 시민의 AI 리터러시를 향상시키고, 공정성과 투명성을 보장하는 정부의 감사 · 검증 생태계를 구축하며, 책임 있는 AI 관행이 사회 · 경제적 가치로 이어질 수 있도록 해야 한다. 또한 AI 의사 결정 결과에 대한 명확한 책임 구조와 국민 신뢰 메커니즘을 설계해야 한다.

AI는 정책 분석과 평가 과정을 자동화함으로써 정책의 객관성과 일관성을 향상시킬 수 있다. AI 도구는 방대한 데이터를 실시간으로 처리하고 패턴을 식별해 정책 입안자들에게 증거 기반의 통찰을 제공할 수 있다.

그러나 이 과정에서 AI 시스템의 편향성과 불투명성 해소가 중요하다. EU AI법은 고위험 AI 시스템에 대해 투명성, 편향 탐지, 인간 감독을 요구하고 있으며, 이는 AI 기반 정책 분석의 신뢰성 확보를 위한 필수 조건이다. 또한 AI 기반 분석이나 평가 결과에 대한 설명 가능성(explainability) 확보와 인간 전문가의 최종 검증 체계가 필요하다.

## AI 기반 정책 과정과 민주적 가치의 조화

정책 문제를 해결하는 과정이 AI를 통해 보다 효율화되고 효과적이 될 수 있다면, AI 기술은 정책 과정에서 중요한 수단이 될 수 있다. 그러나 이를 위해서는 정책 과정에 참여하는 수많은 행위자들이 AI 기술에 대한 신뢰를 갖게 되는 것이 무엇보다 중요하다.

이러한 신뢰를 구축하기까지는 상당한 시간이 소요될 것으로 예상된다. AI 도입의 기대와 현실 간 격차나 규제 압력의 증가 등을 고려할 때, 완전한 신뢰 구축까지는 최소 5~10년의 시간이 필요할 것으로 예상된다. 예를 들어 모델옵(ModelOp)의 2024년 AI 거버넌스 조사에서는 AI 도입의 현실과 기대 간 격차를 42%로 보고한 바 있다.

정책 과정에서 인간과 AI의 협업이 극대화되는 경우, 양극화와 사회 통합, 저출생과 고령화와 같은 정책 난제를 해결하는 데 도움을 줄 수 있으며, 처리할 수 있는 정책 문제의 범위도 확대될 수 있다. AI의 패턴 인식과 예측 능력을 통해 새로운 정책 문제를 보다 용이하게 발견하고 선제적으로 대응할 수 있게 될 것이다.

다만 이러한 과정에서는 광범위한 데이터의 수집과

연계가 필요하며, 이는 개인 정보 보호나 빅브라더 우려를 야기할 수 있다. 따라서 프라이버시 강화 기술 도입이나 엄격한 데이터 거버넌스 및 관리 체계 구축이 중요하다.

정부는 국민의 행복을 위해 존재하며, 정부의 AI를 국민이 통제할 수 있다는 전제하에 AI 기술의 전향적인 활용이 가능하도록 제반 여건을 마련할 필요가 있다. 이를 위해서는 AI 거버넌스 프레임워크의 구축, 시민 참여형 AI 정책 개발, 그리고 지속 가능한 모니터링과 평가 체계가 필요하다. 궁극적으로 AI는 민주적 가치와 조화를 이루며 정책 과정의 효율성과 효과성을 동시에 높이는 방향으로 활용되어야 할 것이다.

### 참고문헌

과학기술정보통신부(2019.12.17). "인공지능(AI) 국가전략 발표". https://www.msit.go.kr/bbs/view.do?sCode=user&mId=113&mPid=112&pageIndex=1&bbsSeqNo=94&nttSeqNo=2405727

이정환(2024.8). "SDF AI 동향 보고서 2024년 8월호". 서울디지털재단. https://smart.seoul.go.kr/board/41/23261/board_view.do

행정안전부(2024.9.2). "2024년도 AI기반 차세대 안전신고 및 신고가치분석 서비스 기술개발 신규과제 공모".

https://www.mois.go.kr/frt/bbs/type013/commonSelectBoardArticle.do?bbsId=BBSMSTR_000000000006&nttId=112079

Anex-Ries, Q.(2025). Exploring the 2024 federal AI inventories: Key improvements, trends, and continued inconsistencies. Center for Democracy and Technology. https://cdt.org/insights/exploring-the-2024-federal-ai-inventories-key-improvements-trends-and-continued-inconsistencies/

Federal Register(2025.4.29). Request for information on the development of a 2025 national artificial intelligence (AI) research and development (R&D) strategic plan. https://www.federalregister.gov/documents/2025/04/29/2025-07332/request-for-information-on-the-development-of-a-2025-national-artificial-intelligence-ai-research

Harrison, R.(2025.4.23). AI and democracy: Scholars unpack the intersection of technology and governance. institution for social and policy studies, Yale University. https://isps.yale.edu/news/blog/2025/04/ai-and-democracy-scholars-unpack-the-intersection-of-technology-and-governance

Harvard Kennedy School Ash Center. Democracy and AI. https://ash.harvard.edu/issues/democracy-and-ai/

IAPP(2024.6). AI governance in practice report 2024. https://iapp.org/resources/article/ai-governance-in-practice-report/

IAPP(2025.1). Global legislative predictions 2025. https://iapp.org/resources/article/global-legislative-predictions/

Jain, A.(2025.4.22). AI and privacy 2024 to 2025: Embracing the future of global legal development. Cloud Security Alliance. https://cloudsecurityalliance.org/blog/2025/04/22/ai-and-privacy-2024-to-2025-embracing-the-future-of-global-legal-developments

ModelOp(2024). AI governance unwrapped: Insights from 2024 and goals for 2025. https://www.modelop.com/good-decisions-series/ai-governance-unwrapped-insights-from-2024-and-goals-for-2025

Valle-Cruz, D., et al.(2020). Assessing the public policy-cycle framework in the age of artificial intelligence: From agenda-setting to policy evaluation. *Government Information Quarterly, 37*(4), 101509.

White House(2025.7.23). White House unveils America's AI action plan. https://www.whitehouse.gov/articles/2025/07/white-house-unveils-americas-ai-action-plan/

Xu, Z., et al.(2025.3.31). Can artificial intelligence technology help achieving good governance: A public policy evaluation method based on artificial neural network. *SAGE Open, 15*(1), pp.1~17.

## 05
## AI와 현장 행정의 변화

현장 행정은 국민과 정부의 접점으로서 정부 신뢰 형성에 핵심적 역할을 한다. 국민과 정부는 주인-대리인 관계에서 발생하는 정보 비대칭으로 인해 상호 신뢰 구축에 어려움을 겪는다. AI 기술이 민원 서비스, 규제 집행, 재난 대응, 복지 수급 분야에서 현장 행정의 효율성과 접근성 제고를 통해 정부 신뢰를 높이는 수단으로 활용되어야 한다.

AI 콘텐츠 크리에이터?

## 현장 행정에서의 AI 기술의 잠재력

현장 행정은 정부 정책이 국민에게 실제로 전달되는 접점으로서, 국민이 정부를 직접 경험하는 가장 중요한 공간이다. 이곳에서의 경험은 국민의 정부에 대한 인식과 신뢰 형성에 결정적 영향을 미친다. 그러나 현장 행정에서는 다양한 구조적 문제들이 상호 신뢰 구축을 어렵게 만든다.

특히 국민과 정부는 주인-대리인 관계에 있다. 국민은 주인으로서 정부라는 대리인에게 공공 서비스 제공을 위임하지만, 양자가 분리되는 순간 각자 고유한 효용 함수와 언어 체계를 갖게 된다. 이로 인해 정보 비대칭, 도덕적 해이, 역선택 등의 문제가 발생하며, 상호 소통과 이해에 근본적 어려움을 겪는다. 국민은 정부의 투명성과 효율성에 의구심을 갖기 쉽고, 정부는 국민의 다양한 요구를 충족시키는 데 한계를 느끼게 된다.

이러한 상황에서 AI 기술은 현장 행정의 투명성, 일관성, 접근성을 높여 상호 신뢰 회복에 긍정적 영향을 줄 수 있는 잠재력을 갖는다. 하지만 기술적 한계와 사회적 수용성 문제 등으로 인해 그 효과는 제한적일 수 있으므로, 이를 극복하는 것이 중요한 과제라고 할 수 있다.

## AI 기술이 바꾸는 현장 행정의 변화

2024년 행정안전부는 정부 최초로 생성형 AI 시범 서비스를 시작했다. 이 시스템은 24시간 민원 상담을 제공하며, 복잡한 행정 절차를 쉽게 안내한다. 과거 창구 직원의 업무 숙련도나 개인적 해석에 따라 달랐던 민원 안내의 일관성 문제가 크게 개선되고 있다.

AI 기반 규제 시스템은 법령 해석의 객관성을 높이고 있다. 2024년 과학기술정보통신부의 AI 법률 보조 서비스 확산 사업은 복잡한 법령 검토 과정을 자동화해 규제 집행의 예측 가능성을 높였다. 이를 통해 기업과 개인은 보다 명확한 규제 가이드라인을 제공받을 수 있게 되었다.

빅 데이터 기반 지능형 재난 대응 시스템이 개발되어 재난 상황 인지부터 완료까지 전 과정의 의사 결정을 지원한다. AI는 실시간 데이터 분석을 통해 재난 규모를 예측하고 최적의 대응 방안을 제시함으로써 경험에 의존했던 과거 재난 대응의 한계를 극복하고 있다.

복지 행정에서는 복지 혜택 발굴과 신청 과정이 자동화되고 있다. AI가 개인의 상황을 분석해 수급 가능한 복지 제도를 능동적으로 안내하고, 복잡한 신청 절차를 간소화함으로써 복지 사각지대 해소에 기여하고 있다.

현장 행정에서 AI의 주요 기여점은 다음과 같다. 첫

째, 24시간 서비스 제공으로 시간적 접근성이 크게 향상된다. 둘째, 데이터 기반 의사 결정으로 주관적 판단의 개입이 줄어든다. 셋째, 개인 맞춤형 서비스 제공이 가능해진다. 넷째, 반복적 업무의 자동화로 공무원들이 보다 창의적이고 복합적인 업무에 집중할 수 있게 된다.

## AI 기술 기반 현장 행정의 가능성과 한계, 극복 방안

민원 서비스 분야에서 AI는 신속하고 정확한 정보 제공이라는 가능성을 보여 주지만, 복잡하고 예외적인 상황에 대한 유연한 대응에는 한계가 있다. 이를 극복하기 위해서는 인간 상담원과의 연계 시스템이 필요하다.

규제 집행 분야의 경우 객관성과 일관성 확보라는 장점이 있으나, 법령의 해석이 애매한 경우나 새로운 상황에 대한 적응력이 부족하다. 지속적인 학습 데이터 업데이트와 전문가 검토 체계가 요구된다.

재난 대응 분야는 신속한 상황 판단과 자원 배치 최적화가 가능하지만, 예측 불가능한 변수나 인간의 감정적 요소를 충분히 고려하지 못한다. 현장 전문가의 경험과 AI 분석의 결합이 중요하다.

복지 수급 분야는 사각지대 발굴과 맞춤형 서비스 제

공이 강점이나, 개인 정보 보호와 프라이버시 침해 우려가 있다. 투명한 알고리즘 운영과 강력한 개인 정보 보호 체계 구축이 필수적이다.

대국민 현장 행정에서 AI 기술 도입은 국민의 다양한 선호도를 충분히 반영하는 형태로 진행되어야 한다. 예를 들어 키오스크 서비스의 경우 젊은 세대는 빠르고 간편한 셀프서비스를 선호하는 반면, 고령층은 대면 서비스를 원하는 경우가 많다. 2024년 디지털 정보 격차 실태 조사에 따르면, 연령대별 디지털 기술 수용도에는 여전히 상당한 차이가 있다.

따라서 AI 기반 현장 행정은 획일적 적용이 아닌 선택적 활용이 이루어져야 한다. 대면 서비스와 비대면 서비스를 병행하고, 개인의 디지털 리터러시 수준에 맞는 다양한 접근 경로를 제공하는 것이 중요하다.

영화 〈그녀(Her)〉에서 보여 준 것처럼, AI는 단순한 업무 처리를 넘어 감정적 소통이 가능한 수준으로 발전하고 있다. 현장 행정에서 국민이 느끼는 불쾌한 감정을 줄이고, 보다 친근하고 이해심 있는 서비스를 제공할 수 있는 가능성이 열리고 있다. 멀티모달 기반의 AI는 음성 톤, 표정, 언어 패턴 등을 분석해 이용자의 현재 상태를 파악하고, 그에 맞는 다양한 맞춤형 응대를 할 수 있다.

이는 특히 민원 처리나 복지 상담 등에서 국민의 심리적 부담을 줄이고 보다 인간적인 행정 서비스를 구현하는 데 기여할 수 있다.

## AI 기술과 감성 행정의 실현

현장 행정은 국민과 정부의 접점으로, 이곳에서 국민이 느끼는 감정과 경험은 정부에 대한 신뢰 형성에 직접적이고 결정적인 영향을 미친다. 정부 신뢰는 단순히 정책의 효과성만으로 형성되는 것이 아니라 일상적인 행정 서비스 경험을 통해 구축된다. 높은 정부 신뢰는 정책 순응도를 높여 다시 현장 행정을 더욱 효율적이고 효과적으로 작동하게 하는 선순환 구조를 만들 수 있다.

AI 기술은 이러한 맥락에서 중요한 기여를 할 수 있다. 투명하고 일관된 서비스 제공, 24시간 접근 가능성, 개인 맞춤형 서비스 등을 통해 국민의 행정 서비스 만족도를 높인다. 또한 데이터 기반 의사 결정으로 공정성을 확보하고, 반복 업무 자동화로 공무원들이 보다 창의적이고 부가 가치 높은 업무에 집중할 수 있게 한다.

그러나 AI 기술의 한계도 분명하다. 복잡하고 예외적인 상황에 대한 대응력 부족, 감정적 소통의 제약, 기술 수용도의 개인차 등이 그것이다. 또한 알고리즘의 편향성이나 개인 정보 보호 등의 윤리적 문제도 지속적으로 관리해야 할 과제다.

AI 기술이 지속적으로 발전하는 가운데, 현장 행정의 관점에서는 다음 세 가지에 초점을 맞출 필요가 있다. 첫째, 국민의 다양한 선호와 디지털 역량을 고려한 맞춤형 서비스 설계다. 둘째, AI와 인간의 협업 체계 구축을 통한 상호 보완적 서비스 제공이다. 셋째, 기술적 효율성과 인간적 따뜻함을 동시에 구현하는 감성 행정의 실현이다. 이를 통해 AI 기술이 진정으로 국민과 정부 간 신뢰의 다리 역할을 할 수 있을 것이다.

## 참고문헌

과학기술정보통신부(2024.4.2). "2024년 과학기술정보통신부 AI 법률 보조 서비스 확산 사업 신규과제 모집 공고". https://www.bizinfo.go.kr/web/lay1/bbs/S1T122C128/AS/74/view.do?pblancId=PBLN_000000000096461

과학기술정보통신부·한국지능정보사회진흥원(2024). "2024 디지털정보격차 실태조사". https://www.nia.or.kr/site/nia_kor/ex/bbs/View.do;jsessionid=5233B3A99DBF346C1654E4B7D748952A.c993d9b8a36806361200?cbIdx=81623&bcIdx=27832&parentSeq=27832

권일웅(2012.6). "공공/민간부문 성과급 비중과 주인-대리인 이론". 《행정논총》, 50(2), 113~142쪽.

https://s-space.snu.ac.kr/handle/10371/78838

박승희 외(2021.12). “빅데이터 기반 지능형 재난 대응 의사결정지원 기반기술 개발”. 국립재난안전연구원. https://scienceon.kisti.re.kr/srch/selectPORSrchReport.do?cn=TRKO202200008131

행정안전부(2024.6.12). “최초의 정부 전용 생성형 인공지능(AI), 시범서비스 시작”. https://www.mois.go.kr/frt/bbs/type010/commonSelectBoardArticle.do;jsessionid=AikmYQO1+N616SKhqFVzxqtQ.node20?bbsId=BBSMSTR_000000000008&nttId=109883

Chudleigh, S.(2025.1.22). Chatbots for government in 2025: Examples, use cases, statistics. Botpress. https://botpress.com/blog/chatbots-for-government

Downie, A., & O'Brien, K.(2024.12.20). AI in government. IBM. https://www.ibm.com/think/topics/ai-in-government

## 06
## 공무원과 국민의 AI 역량과 리터러시

인공지능 기술의 급속한 확산으로 AI 리터러시가 필수 역량으로 부상하고 있으나, 소득과 시간, 역량에 따른 활용 격차가 심화되고 있다. 정부 조직 내에서는 공무원 개인과 부서 간 역량 차이가, 국가 차원에서는 국민, 기업, 정부 수준에서 격차가 나타나고 있다. 효과적인 AI 시대 행정 구현을 위해서는 공무원의 체계적 AI 교육과 실무 활용 경험 확대, 국민의 AI 접근성 향상과 취약 계층 대상 맞춤형 교육이 필요하다.

AI와 민주주의?

## AI 역량 격차의 심화

인공지능 기술이 보편화되면서 AI 리터러시가 핵심 역량으로 강조되고 있다. 특히 생성형 AI 등장 이후 국민 10명 중 6명이 AI 서비스를 경험하는 등 활용이 급속히 확대되고 있으나 AI의 활용에는 상당한 격차가 나타나고 있다.

AI 격차는 다양한 수준에서 동시다발적으로 나타난다. 개인 수준에서는 소득과 시간, 역량에 기반해 AI 기술을 활발하게 활용하는 사람과 그렇지 않은 사람이 명확히 구분된다. 정부 조직 수준에서는 공무원 개인의 역량 차이와 부서 간 역량 격차가 발생하고 있다.

국가 수준에서는 국민 간 역량 차이, 기업 간 역량 차이, 행정 기관 간 역량 차이가 나타나며, 세계 수준에서는 국가 간 AI 격차가 심화되고 있다. 본 장에서는 행정 서비스를 제공하는 공무원과 행정 서비스를 이용하는 국민의 관점에서 AI 역량과 리터러시 현황을 살펴보고 개선 방안을 제시하고자 한다.

## 공무원의 AI 역량과 리터러시

우리나라 공무원의 AI 역량 강화를 위한 정책적 노력이 본격화되고 있다. 인사혁신처는 2024년 '공무원 AI 활용 역량 강화를 위한 교육 모듈 구축 및 프로그램 개발' 연구를 통해 직급별 맞춤 교육 제공을 추진하고 있다. 또한 AI와 빅 데이터 기술을 활용한 지능형 인재 개발 플랫폼을 통해 개인 맞춤형 학습을 지원하고 있다.

다만, 공무원 AI 교육에는 여러 한계가 존재한다. 가장 근본적인 문제는 공무원들의 시간 부족이다. 일상 업무에 치이는 공무원들이 체계적인 AI 교육을 받기 어려운 현실적 제약이 크다. 기존 공무원 교육 시스템의 경직성과 형식적 운영도 실질적 역량 향상을 저해하는 요인 중 하나다.

주요국들은 공공 부문 AI 도입과 함께 공무원 AI 역량 강화에 적극적으로 나서고 있다. 핀란드는 전 국민 대상 AI 교육 플랫폼 'Elements of AI'를 통해 공무원을 포함한 사회 전반의 AI 리터러시 향상을 도모하고 있다. 싱가포르는 공무원 대상 AI 실무 교육과 실제 업무 적용을 연계한 체계적 프로그램을 운영하고 있다.

공무원 AI 역량 강화의 핵심은 실무 중심의 교육과 업무 활용 경험 확대다. 먼저 온라인 교육 플랫폼을 적극 활용해 시간과 장소의 제약을 극복해야 한다. 마이크로러닝 형태의 짧은 교육 콘텐츠를 제공하고, 업무망에서 쉽게 접근 가능한 AI 활용 팁을 상시 제공하는 시스템 구축이 필요하다.

더 중요한 것은 실제 업무에서의 AI 활용 경험 제고다. 인사혁신처가 제공하는 'AI 활용 가이드'와 같은 실무 중심 자료를 확대하고, 부서별 특성에 맞는 AI 도구 활용 사례를 개발해 공유해야 한다. 또한 서울 강남구 사례와 같이 AI 활용 우수 사례 발굴과 포상을 통해 공무원들의 자발적 참여를 유도하는 것이 효과적이다.

## 국민의 AI 역량과 리터러시

국민의 AI 역량은 정부의 AI 기반 행정 서비스를 효과적으로 제공하기 위한 필수 조건이다. 방송통신위원회와 정보통신정책연구원의 2024년 지능정보사회 이용자 패널 조사(9월~11월 조사)에 따르면, 생성형 AI 이용 경험이 있는 사람은 국민 4명 중 1명(24.0%)으로 전년도의 11.8%에 비해 두 배 이상 증가했다. 다만 이용하지 않는 사람이 훨씬 많고, 그 이유로 '높은 지식수준을 요구해 이용하기 어려울 것 같아서'(65.2%), '개인 정보가 유출될 것 같아서'(58.9%) 등의 비중이 높게 나타나고 있어 이에 대한 대응책이 필요하다. 이 외에도 이러한 서비스가 계층적 형태의 구독에 기반하면서 소득 격차의 영향이 직접적으로 나타나고 있다는 점을 고려할 필요가 있다.

국민의 AI 역량과 리터러시와 관련해서는 본질적으로 고령층, 장애인, 저소득층 등 정보 취약 계층의 문제가 있다. 과학기술정보통신부와 한국지능정보사회진흥원의 2024년 디지털 정보 격차 실태 조사(10월~12월 조사)에 따르면, 전체 국민 중에서 AI 활용 경험률은 51%였지만, 장애인과 고령층, 저소득층 등 취약 계층의 경우 30% 정도로 나타났다. 고령층의 디지털 정보화 수준은 일반 국민의 71.4% 수준으로 가장 낮게 나타난다. 국민 차원의 AI 격차 해소를 위해서는 취약 계층에 대한 맞춤형 접근이 필요하며, 고령층을 위한 디지털 리터러시 교육의 경우 AI 영역까지 확장한 체계적 교육 프로그램이 필요하다.

전통적 취약 계층의 관점에서 AI 격차 문제를 해결하기 위해서는 접근성, 활용성, 혜택 공유의 세 차원에서 종합적 접근이 요구된다. 공공 도서관, 주민 센터 등 접근 가능한 시설을 통한 AI 체험 기회 제공, 생활 밀착형 AI 서비스 활용 교육, 그리고 AI 기술의 혜택이 모든 계층에 고르게 전달될 수 있는 정책적 배려가 필요하다.

국민 AI 리터러시 교육은 체계성과 실용성을 강화할 필요가 있다. 생애 주기별 · 직업별 특성을 고려한 차별

화된 교육 과정이 필요하다. 특히 민간 전문 기관, 교육과학기술부, 고용노동부 등 관련 주체들 사이의 협력적 거버넌스를 통해 통합 교육 체계를 구축할 필요가 있다.

## 국민과 공무원이 주도하는 AI 정부 실현

AI 시대 행정의 변화를 선도하고 효과적으로 적응하기 위해서는 공무원과 국민의 AI 역량과 리터러시 향상이 필수적이다. 특히 AI 기술에 대한 불신 문제를 해결하는 것이 중요하다. AI 기술의 지속적 발전과 투명성 제고를 통해 이러한 불신이 점진적으로 해소될 가능성이 있으나, 이를 위해서는 AI 기술에 대한 정확한 이해와 체험 기회 확대가 선행되어야 한다.

공무원의 경우 실무 중심의 AI 교육과 업무 활용 경험 확대를 통해 AI 기술의 유용성을 직접 체감할 수 있도록 해야 한다. 국민의 경우 취약 계층을 포함한 모든 계층이 AI 기술의 혜택을 누릴 수 있도록 맞춤형 교육과 지원이 필요하다.

AI 불신을 극복하고 전향적인 관심과 활용을 촉진하기 위해서는 정부, 학계, 민간의 적극적인 공동 노력이 중요하다. 특히 AI 기술의 안전성과 신뢰성을 확보하면서도 그 유용성을 널리 알리는 균형 잡힌 접근이 필요하다. 이를 통해 강력한 AI 역량을 갖춘 공무원들과 국민들이 주도하는 진정한 의미의 AI 정부 실현이 가능해질 것이다.

## 참고문헌

과학기술정보통신부(2025.3.27). “2024년 디지털 정보격차·웹 접근성·스마트폰 과의존 실태조사 결과”. https://www.msit.go.kr/bbs/view.do?sCode=user&bbsSeqNo=94&nttSeqNo=3185618

과학기술정보통신부·한국지능정보사회진흥원(2024). “2024 디지털정보격차 실태조사 보고서”. https://www.nia.or.kr/site/nia_kor/ex/bbs/View.do?cbIdx=81623&bcIdx=27832&parentSeq=27832

과학기술정보통신부·한국지능정보사회진흥원(2025.4). “2024 인터넷이용 실태조사”. https://www.msit.go.kr/bbs/view.do?sCode=user&mId=99&mPid=74&pageIndex=1&bbsSeqNo=79&nttSeqNo=3173673&searchOpt=ALL&searchTxt=%EC%9D%B8%ED%84%B0%EB%84%B7%EC%9D%B4%EC%9A%A9

김경은(2024.4.27). “생성형 AI 이용 현황 및 노동 대체 가능성에 대한 이용자 인식조사”. ifs POST News Insight. https://www.ifs.or.kr/bbs/board.php?bo_table=News&wr_id=54100

김문구·박종현(2017). “인공지능과 신뢰(Trust): 이슈 및 대응방안”. 《Insight REport》, 2017-13. ETRI. https://ksp.etri.re.kr/ksp/plan-report/file/575.pdf

대한민국 정책브리핑(2021.5.20). “공무원 교육도 AI 이용 맞춤형으로… 내년 상반기 목표 추진".
https://m.korea.kr/news/policyNewsView.do?newsId=148887619

대한민국 정책브리핑(2025.5.30). "생성형 AI, 국민 4명 중 1명 '써봐' … 유료구독 경험도 7배 증가".
https://www.korea.kr/news/policyNewsView.do?newsId=148943862

방송통신위원회·정보통신정책연구원(2025.5). "2024년 지능정보사회 이용자 패널조사 결과 보고서".
https://www.kcc.go.kr/user.do;jsessionid=lDYkIq4khcA_gfyr7Z1vx_7U38wBGOJltPu_sFZu.servlet-aihgcldhome10?mode=view&page=A02060400&dc=K02060400&boardId=1030&cp=1&nop=10&boardSeq=66983

와이티엔 사이언스(2025.7.28). "'AI 시대' 더 커지는 디지털 격차 … "보편적 이용권 중요"".
https://m.science.ytn.co.kr/program/view_today.php?s_mcd=0082&key=202507281102437270

우하린·송방현(2024). "국가별 공공부문 AI 도입 및 활용 전략: 영국, 호주, 미국 사례를 중심으로". 《KIPA 정부혁신 트렌드》, 4. 한국행정연구원.
https://innovation.go.kr/ucms/bbs/B0000003/view.do?nttId=17695&menuNo=300252&searchType=3&requestURI=%2Fucms%2FpcyDta%2FpcyDta%2Fsearch.do&groupId=pcyDta&lcnt=10&searchKeyword=&pageIndex=1

유경만 외(2023.12). "디지털 취약계층(고령자) 역량 강화를 위한 디지털 리터러시 기술 개발". 과학기술정보통신부.
https://scienceon.kisti.re.kr/srch/selectPORSrchReport.do?cn=TRKO202400000778

전북도민일보(2024.7.15). "AI시대, 변화하는 공무원 교육훈련".

https://www.domin.co.kr/news/articleView.html?idxno=1476940
전자신문(2024.10.28). “공무원 AI 역량 강화… 국·과장 등 직급별 맞춤 교육 제공”. https://www.etnews.com/20241028000173
한국AI리터러시협회. “KAILA 협회 소개”. https://www.ailiteracy.or.kr/KAILA

## 07
# AI 산업에서 정부의 역할

AI 기술은 데이터, 알고리즘, 컴퓨팅 파워라는 세 가지 요소를 기반으로 하며, 원활한 산업 생태계 구축을 위해서는 각 요소에 대한 정부의 적극적 역할이 필수적이다. 한국은 ICT 분야의 성공 경험을 보유하고 있으나, AI 산업의 빠른 변화와 특수성에 대응하기 위해서는 보다 신속하고 체계적인 정부 정책이 요구된다. 이재명 정부는 100조 원의 대규모 AI 투자와 함께 인력 수급, 부처 간 협업, 기술 변화 모니터링 강화를 핵심 과제로 제시하고 있다.

AI와 애니메이션?

## AI 산업의 특수성

AI 기술의 급속한 발전은 전 세계 산업 지형을 근본적으로 변화시키고 있다. AI 기술이 경제와 사회 전반에 미치는 파급 효과가 확대되면서, 원활한 AI 산업 생태계 구축의 중요성이 그 어느 때보다 강조되고 있다. AI 기술의 핵심 구성 요소는 데이터, 알고리즘, 컴퓨팅 파워이며, 이들 요소가 유기적으로 결합될 때 비로소 혁신적인 AI 서비스가 창출될 수 있다.

이러한 맥락에서 정부의 역할은 단순한 규제 기관을 넘어 AI 산업 생태계의 설계자이자 촉진자로서 중요한 의미를 가진다. 우리나라는 1990년대 이후 반도체, 정보통신 기술(ICT) 분야에서 세계적인 경쟁력을 확보한 성공적인 경험을 보유하고 있다. 그러나 AI 산업은 기존 ICT 산업과 달리 데이터의 중요성, 플랫폼 기반 생태계, 그리고 무엇보다 극도로 빠른 기술 변화라는 특수성을 지니고 있다.

특히 AI 기술의 변화 속도는 기존 산업과 비교할 수 없을 정도로 빠르며, 이에 따라 정부의 정책 대응 역시 보다 신속하고 유연해야 한다. 전통적인 정책 수립과 집행 방식으로는 급변하는 AI 기술 환경에 효과적으로 대응하기 어려운 상황이다.

## AI 산업 현황과 정부의 역할

2024년 국내 AI 기업들의 총 매출은 6조 3009억 원을 기록해 전년 대비 12.5% 증가했다. 이는 국내 AI 산업이 양적으로 지속 성장하고 있음을 보여 준다. 글로벌 AI 지수에서 한국은 6위를 유지하고 있으며, 특히 주요 산업 분야의 AI 적용에서 강점을 보이고 있다.

그러나 미국과 중국이 AI 분야에서 압도적인 1, 2위를 차지하고 있는 상황에서, 한국은 여전히 이들과 상당한 격차를 보이고 있다. 미국은 민간 주도의 대규모 투자를, 중국은 정부 주도의 체계적인 투자를 통해 AI 생태계를 구축하고 있다.

대한민국 정부는 2025년 AI R&D 분야에 1조 1000억 원의 예산을 편성해 전년 대비 대폭 증액했다. 이는 AI 기술 개발에 대한 정부의 강력한 의지를 반영한 것이다. 특히 이재명 정부는 100조 원 규모의 민관 공동 투자를 통해 미국, 중국에 이은 'AI 3강'이 되겠다는 목표를 제시한 바 있다.

이 계획은 GPU 5만 개 확보, NPU 개발 지원, 전 국민이 무료로 사용할 수 있는 한국형 GPT 개발 등을 포함하고 있다. 또한 AI를 국가 전략 기술에 포함시켜 세제 지원을 확대하는 등 제도적 기반을 강화하고자 한다.

AI 산업에서 정부의 역할을 하나씩 살펴보자. 첫째, AI 수요자로서의 정부 역할이 중요하다. 정부는 AI 기술의 개발과 공급을 지원하는 동시에 공공 부문에서 AI 기술을 적극적으로 도입하는 수요자 역할도 수행해야 한다. 행정 효율성 향상, 공공 서비스 품질 개선, 정책 결정 지원 등 다양한 영역에서 AI 기술 활용이 확대되고 있어 정부의 AI 기술 수요는 크게 증대할 것으로 기대된다.

둘째, AI 인력 수급이 중요하다. AI 산업 발전의 핵심 제약 요인 중 하나는 전문 인력 부족이다. 정부 조사에 따르면 2027년까지 AI 분야에서 1만 2800명의 인력이 부족할 것으로 전망된다. 이는 기존의 산업 인력 수급 문제와 달리 고도의 전문성과 창의성을 요구하는 AI 분야의 특성을 반영한다.

AI 인력은 단순히 기술적 역량뿐만 아니라 산업 도메인에 대한 이해, 윤리적 판단력, 창의적 문제 해결 능력 등 복합적 역량을 필요로 한다. 따라서 전통적인 인력 양성 방식과는 다른 접근이 요구된다.

셋째, AI 스타트업과 산업 클러스터 정책이 중요하다. AI 혁신의 핵심 동력인 스타트업 생태계 조성을 위해 정부는 다양한 지원 정책을 추진하고 있다. 초기 단계 스타트업에 대한 자금 지원, 규제 샌드박스 운영, 대기업-스타트업 간 협력 촉진 등이 주요 정책 수단이다.

또한 정부는 AI 산업 클러스터 구축을 통해 연구 기관, 기업, 인력이 집적된 혁신 생태계 조성에도 주력하고 있다. 이는 실리콘밸리나 중국 중관촌과 같은 성공 사례를 벤치마킹한 것이다.

넷째, AI 산업 관련 부처 간 협업이 중요하다. AI 산업의 특성상 단일 부처의 노력만으로는 효과적인 정책 추진이 어렵다. 과학기술정보통신부의 기술 개발, 산업통상자원부의 산업 육성, 중소벤처기업부의 스타트업 지원, 고용노동부의 인력 양성 등 관련 부처 간 긴밀한 협업이 필수적이다.

더 나아가 복지 정책, 문화 정책, 환경 정책, 재난 안전 정책 등 개별 정책 영역에서 AI 기술을 활용하는 부처들과의 협력도 중요하다. 기획재정부와 행정안전부의 예산과 조직 지원, 그리고 광역 및 기초 자치 단체의 현장 지원까지 전방위적인 기관 간 협업 체계 구축이 요구된다.

## AI 산업에서의 정부 역할의 문제와 한계, 극복 방안

AI 산업에서 정부 역할의 가장 큰 한계는 기술 변화 속도를 따라가지 못하는 것이다. AI 기술은 끊임없이 새로운 혁신이 등장하는 반면, 정부의 정책 수립과 집행은 1년 단위로 이루어지는 구조적 불일치가 존재한다.

인력 수급 문제도 심각한 제약 요인이다. 기업 현장에서 요구하는 실무 역량과 대학 교육 과정 간의 미스매치가 지속되고 있으며, 이로 인해 AI 전문 인력의 질적 부족 현상이 나타나고 있다. 또한 정부 내 AI 전문성을 갖춘 인력 자체가 부족해 효과적인 정책 설계와 집행에 어려움을 겪고 있다.

이러한 한계를 극복하기 위해서는 무엇보다 기술 변화에 대한 상시 모니터링 체계 구축이 필요하다. 실시간 기술 동향 파악, 산업계와의 정기적 소통 채널 확립, 신속한 정책 조정 메커니즘 마련 등이 핵심이다.

미국과 중국의 성공 사례를 면밀히 분석하되, 우리나라 실정에 맞는 한국형 모델 개발이 중요하다. 미국의 민간 주도 혁신과 중국의 정부 주도 투자의 장점을 결합하면서도, 한국의 제조업 기반과 ICT 인프라 강점을 활용하는 방향으로 정책을 설계해야 한다.

인력 양성 방면에서는 산학 협력을 대폭 강화하고, 현장 중심의 교육 과정 개편이 필요하다. 또한 해외 AI 인재 유치와 국내 인재의 해외 유출 방지를 위한 종합적 인재 전략 수립이 요구된다.

## 한국형 AI 산업 전략 구축의 방향성

대한민국 정부는 AI 분야에서 미국, 중국에 버금가는 세계 3강으로 도약하겠다는 야심찬 목표를 제시하고 있다. 이재명 정부의 100조 원 AI 투자 계획은 정부의 강력한 의지를 보여 준다.

그러나 이러한 목표 달성을 위해서는 몇 가지 전제 조건이 충족되어야 한다. 첫째, 정부의 기민한 대처가 무엇보다 중요하다. 급변하는 AI 기술 환경에서 정부가 신속하고 유연하게 정책을 조정할 수 있는 역량을 갖추어야 한다. 둘째, 부처 간 협업 체계의 실질적 작동이 필요하다. 형식적 협의체를 넘어 실질적인 정책 조정과 자원 배분이 이루어져야 한다. 셋째, 민간과의 파트너십 강화가 필수적이다. 정부 주도가 아닌 민관 협력을 통한 생태계 조성이 지속 가능한 발전의 토대가 될 것이다.

2025년 현재 이재명 정부에서는 과학기술정보통신부, 산업통상자원부, 중소벤처기업부 장관이 모두 AI 관련 산업 출신으로 정책에 대한 높은 이해와 의지를 보이고 있어 긍정적인 신호로 평가된다. 이들 부처 간의 효과적인 협력과 조정을 통해 대한민국이 명실상부한 AI 강국으로 발전할 수 있을 것으로 기대된다.

## 참고문헌

경향신문(2025.6.9). "100조 원 투입해 'AI 3강'으로 … 경쟁력 강화 속도 붙을까".
https://www.khan.co.kr/article/202506091427001

대한민국 정책브리핑(2023.8.31). "향후 5년 간 인공지능·클라우드 등 분야 신규인력 부족 전망".
https://www.korea.kr/news/policyNewsView.do?newsId=148919621#policyNews

동아사이언스(2024.6.27). "역대급 증액한다더니 사실상 '원복' … 내년 주요 R&D예산 24조8000억 원".
https://m.dongascience.com/news.php?idx=66182

머니S(2025.7.31). "[2025년 세제개편] 국가전략기술에 AI 포함 … '3대 강국' 정조준".
https://www.moneys.co.kr/article/2025073117054464537

아이티데일리(2025.5.2). "안정기 접어든 국내 AI 산업, 2024년 6.3조원 시장 형성".
http://www.itdaily.kr/news/articleView.html?idxno=232711

이정아(2024.9). "미국의 인공지능(AI) 정책 전략 현황과 변화 방향". 《THE AI REPORT》, 2024-3. 한국지능정보사회진흥원.
https://www.nia.or.kr/site/nia_kor/ex/bbs/View.do?cbIdx=82618&bcIdx=27248&parentSeq=27248

한겨레(2025.4.14). "출마 첫 일정 '인공지능' 챙긴 이재명 "100조 투자 'AI 기본사회' 연다"".
https://www.hani.co.kr/arti/politics/assembly/1192376.html

한국개발연구원(2020). "불붙은 AI 기술패권 전쟁, 누가 AI 경쟁에서 이기고 있는가?". 《e경제정보리뷰 해외동향》, 3.

https://eiec.kdi.re.kr/publish/reviewView.do?ridx=4&idx=39&fcode=000020003600003

Tortoise Media(2024.9.19). The Global Artificial Intelligence Index 2024.
https://www.tortoisemedia.com/2024/09/18/the-global-artificial-intelligence-index-2024

# 08
# 공공 AI 윤리

AI 기술의 급속한 발전과 함께 다양한 윤리적 이슈가 제기되고 있다. EU 인공지능법 제정으로 국제적으로 AI 신뢰성 확보가 주요 과제로 부상하고 있다. 공공 분야에서의 AI 활용은 더욱 신중한 접근이 필요하다. 공공 AI 윤리는 전통적인 공직 윤리와 AI 기술이 결합된 새로운 윤리 영역으로, 편향성과 개인 정보 보호 등 기존 문제와 딥페이크, GPT 환각 등 신종 위험을 모두 포괄한다.

AI와 인재 채용?

## AI 기술 발전과 공공의 윤리적 이슈

AI 기술의 발전과 확산에 따라 제기되는 윤리적 이슈는 상당히 다양하다. 편향성, 개인 정보 보호, 투명성, 책임성 등 전통적인 문제부터 딥페이크, 생성형 AI의 환각 현상 등 새로운 형태의 윤리적 쟁점들이 지속적으로 등장하고 있다. 특히 AI의 신뢰성 이슈는 국제적 차원에서 중요한 과제로 인식되고 있으며, 이에 대응하기 위한 법적 · 제도적 기반 마련이 전 세계적으로 진행되고 있다.

EU에서는 2024년 8월 세계 최초의 포괄적인 「인공지능법」이 발효되었으며, 이는 AI 시스템을 위험 수준에 따라 분류해 차등 규제를 적용하는 것을 주요 특징으로 한다. 우리나라 역시 2024년 12월 「인공지능 발전과 신뢰 기반 조성 등에 관한 기본법」(약칭: 인공지능법)이 국회를 통과해 AI에 관한 국가 차원의 거버넌스 체계가 마련되었다.

공공 AI 윤리는 특히 공공 분야에서 AI 기술을 사용할 때, 그리고 AI 관련 정책을 수행할 때 가져야 하는 윤리적 특성을 의미한다. 이는 전통적인 공직 윤리가 AI 시대를 맞아 어떻게 변화하고 발전해야 하는지에 대한 관점을 포함한다. 적극 행정을 통해 실현하려고 하는 윤리적 가치와 성과 책임성과 같은 전통적 공직 윤리의 핵심 요소들이 AI 기술을 통해 더욱 강화될 수 있는 가능성이 있다.

그러나 동시에 낮은 AI 역량이나 기술 수준으로 인해 정확하지 않은 결과물이나 낮은 품질의 결과물에 기반해 정책을 수행함으로써 정책의 효과성을 낮추거나 정책 오류로 이어질 수 있는 위험도 존재한다. 또한 AI에 대한 과도한 불신으로 AI 기술을 거부함으로써 절감할 수 있는 시간이나 예산, 문제 해결의 효과성을 높일 수 있는 가능성을 낮추는 문제도 있다.

## 공공 분야 AI 활용이 가져오는 윤리적 문제

공공 분야 AI 활용에서 나타나는 윤리적 문제들은 전통적인 이슈와 신종 위험 요소로 구분할 수 있다. 먼저 전통적인 AI 윤리 문제로는 편향성, 개인 정보 보호, 저작권, 일자리 문제가 대표적이다. 특히 편향성 문제는 데이터에 내재된 인간의 편견이 AI 시스템을 통해 재생산되고 증폭되는 현상으로, 공공 서비스의 공정성을 심각하게 훼손할 수 있다.

최근에는 딥페이크와 GPT 환각 문제가 새로운 윤리적 쟁점으로 부상하고 있다. 딥페이크는 가짜 영상이나 음성을 생성해 허위 정보 유포나 개인의 명예 훼손에 악용될 수 있으며, GPT 환각 문제는 생성형 AI가 사실과 다른 정보를 그럴듯하게 생성해 정책 결정 과정에서 오류를 야기할 수 있다.

공무원의 과도한 AI 의존성 문제도 중요한 윤리적 쟁점이다. AI 시스템에 지나치게 의존할 경우 공무원의 판단력과 전문성이 퇴화할 수 있으며, 이는 궁극적으로 공공 서비스의 질 저하로 이어질 수 있다. 또한 정부 일자리 감소에 대한 공무원의 두려움은 AI 도입에 대한 저항을 야기해 공공 분야의 AI 전환을 저해하는 요인으로 작용할 수 있다.

정부에서 독자적인 공공 GPT를 개발할 때 보안 데이터나 공무원 개인 데이터를 취급하는 과정에서 발생할 수 있는 개인 정보 보호 문제도 중요하다. 특히 민감한 정부 정보가 AI 학습 과정에서 유출되거나 오남용될 위험성에 대한 우려가 제기되고 있다.

더욱 심각한 문제는 현장 공무원이 편향된 정보를 가지고 있고 그것을 AI가 학습하게 될 때 발생하는 구조적 편향성이다. 행정학의 일선 관료 이론에 따르면, 현장에서 직접 시민과 접촉하는 공무원들은 업무 효율성을 위해 스테레오타이핑을 통한 선입견을 가질 수 있으며, 이러한 편향적 행동 패턴이 AI 시스템에 학습될 경우 알고리즘을 통해 체계적으로 재생산될 수 있다. 예를 들어,

편향적 시각을 가진 경찰관의 유색 인종에 대한 차별적 행동이 AI에서도 나타날 수 있다.

## 공공 분야 AI 윤리의 확립 방안

공공 분야 AI 윤리 확립을 위해서는 국제적 동향과 국내 정책적 노력을 종합적으로 고려해야 한다. EU 「인공지능법」은 AI 시스템을 금지된 AI, 고위험 AI, 제한된 위험 AI, 최소 위험 AI로 분류해 위험 기반 접근법(risk-based approach)을 채택하고 있으며, 이는 공공 분야 AI 규제의 국제적 기준이 되고 있다.

우리나라의 경우 과학기술정보통신부가 2020년 "사람 중심의 AI 윤리 기준"을 발표하고, 2021년 "신뢰할 수 있는 인공지능 실현 전략"을 통해 AI 윤리 자율 점검표와 개발 안내서를 마련했다. 또한 방송통신위원회와 한국지능정보사회진흥원은 2023년 12월 《생성형 AI 윤리 가이드북》을 발간해 생성형 AI의 윤리적 활용 방안을 제시했다.

행정안전부의 「공공분야 인공지능 도입을 위한 실무자 안내서」(2021), 디지털플랫폼정부위원회와 한국지능정보사회진흥원의 "공공 부문 초거대 AI 도입 · 활용 가이드라인"(2024), "공공 부문 초거대 AI 도입 · 활용 가이드라인 2.0"(2025)은 공공 부문에서 AI 활용 시 단계별 고려 사항, 관련 사례, 도입 절차 등 실무적 지침을 제공하고 있다. 이는 공공 분야의 특수성을 반영한 맞춤형 가이드라인으로서 중요한 의미를 가진다.

2024년 12월 국회를 통과한 「인공지능 발전과 신뢰 기반 조성 등에 관한 기본법」(약칭: 인공지능기본법)은 투명성 확보 의무, 안전성 확보 의무, 고영향 인공지능의 안전성 · 신뢰성 확보 의무 등을 규정해 AI 윤리의 법적 기반을 마련했다. 향후 시행령을 통해 이러한 원칙들이 구체화될 예정이지만, 규제의 범위와 강도를 둘러싼 논쟁이 지속되고 있다.

공공 분야 AI 윤리 확립에서 가장 중요한 것은 실제 행정 공무원들과 공공 기관 구성원들이 AI 윤리를 적극적으로 실천하는 것이다. 이를 위해서는 개별 기관 단위에서 구체적인 윤리 가이드라인이 마련되고 지속적으로 업데이트되어야 한다. 그리고 이 과정에서 공무원을 비롯한 공공 분야 인력들이 AI 기술에 지속적으로 관심을 가지고 활용하면서 윤리적 문제를 확인하고 이것을 가이드라인에 반영하는 노력이 필요하다.

## 공공 AI 윤리의 지속 가능한 발전을 위한 과제

공공 AI 윤리는 일반적인 AI 윤리와 몇 가지 중요한 차이

점을 가진다. 가장 핵심적인 차이는 공공 AI 윤리가 보다 많은 사람들에게 영향을 미치는 의사 결정에 AI를 활용해야 하기 때문에 더욱 신중하고 체계적인 접근이 필요하다는 점이다. 공공 분야의 AI 활용은 개별 기업이나 개인의 선택이 아닌 국가 정책의 일환으로 이루어지며, 그 결과가 사회 전체에 미치는 파급 효과가 크다.

또한 공공 분야는 공정성, 투명성, 책임성 등 전통적인 공직 가치를 AI 시대에 맞게 재해석하고 발전시켜야 하는 과제를 안고 있다. 이는 단순한 기술적 문제를 넘어 민주주의와 공공 행정의 본질적 가치와 연결되는 문제다.

AI 시대의 가장 큰 특징은 AI 기술의 빠른 변화다. 따라서 공공 AI 윤리뿐만 아니라 일반 AI 윤리 모두 지속적인 업데이트와 개선이 필요하다. 고정된 원칙보다는 변화하는 기술 환경에 적응할 수 있는 유연하면서도 견고한 윤리 체계를 구축하는 것이 중요하다. 이를 위해서는 정부, 학계, 산업계, 시민 사회가 협력해 지속적인 대화와 논의를 통해 AI 윤리를 발전시켜 나가야 할 것이다.

### 참고문헌

과학기술정보통신부(2024.12.26). "인공지능 시대의 새로운 서막, AI기본법 국회 본회의 통과".

https://www.msit.go.kr/bbs/view.do?sCode=user&mPid=208&mId=307&bbsSeqNo=94&nttSeqNo=3185321

관계부처 합동(2024.11). "딥페이크 성범죄 대응 강화 방안". https://www.kcc.go.kr/download.do?fileSeq=59919

박강민 외(2024). "유럽연합 인공지능법(EU AI Act)의 주요내용 및 시사점". 소프트웨어정책연구소. https://spri.kr/posts/view/23764?code=issue_reports&board_type=issue_reports

박대민·이한종(2024). "챗GPT 등장 이후 인공지능 환각 연구의 문헌 검토: 아카이브(arXiv)의 논문을 중심으로". 《정보화정책》, 31(2), 3~38쪽. https://doi.org/10.22693/NIAIP.2024.31.2.003

방송통신위원회·한국지능정보사회진흥원(2023). 《생성형 AI윤리 가이드북》. https://www.nia.or.kr/site/nia_kor/ex/bbs/View.do?cbIdx=39485&bcIdx=26195&parentSeq=26195

변순용(2020). "데이터 윤리에서 인공지능 편향성 문제에 대한 연구". 《윤리연구》, 1(128), 143~158쪽.

European Commission(2024). AI Act. Shaping Europe's digital future. https://digital-strategy.ec.europa.eu/en/policies/regulatory-framework-ai

European Parliament and Council(2024). Regulation (EU) 2024/1689 of the European Parliament and of the Council of 13 June 2024 laying down harmonised rules on artificial intelligence. Official Journal of the European Union. https://eur-lex.europa.eu/eli/reg/2024/1689/oj/eng

## 09
# AI 법제의 이해

AI 시대의 도래와 함께 세계 각국은 AI 기술의 진흥과 규제를 위한 법제 마련에 나서고 있다. AI 법제는 기술 발전 촉진과 위험 완화라는 이중 과제를 안고 있으며, 각국의 기술 역량과 역사적 맥락에 따라 상이한 접근을 보이고 있다. 향후 안전하면서도 진취적인 법제 마련을 위해서는 동태적 상호 작용 과정으로서의 법제 이해와 전체 법체계의 정합성 확보가 중요하다.

AI와 기자?

## AI 법제의 필요성

현대 행정 국가에서 법치 행정의 원리는 정부의 모든 활동이 법적 근거를 가질 것을 요구한다. AI 기술의 급속한 발전과 사회 전반으로의 확산은 새로운 법적 대응을 필요로 하고 있다. AI 법제는 단순히 기술 규제를 넘어 AI 기술과 산업의 진흥, 사회적 격차 해소, 국민과 공무원의 AI 역량 강화 등 AI 시대를 대비하기 위한 모든 정부 노력의 기반이 되고 있다.

세계 각국은 AI 법제 마련에 적극 나서고 있다. EU는 2024년 「인공지능법」을 제정해 규제 중심의 접근을 보였으며, 우리나라는 2024년 12월 26일 「인공지능 발전과 신뢰 기반 조성 등에 관한 기본법」을 제정해 EU에 이어 두 번째로 AI 법제를 마련했다.

AI 법제 마련은 쉽지 않다. AI의 측면이 다양하고, 기존 ICT 기술이나 디지털 기술과 유사하면서도 근본적 차이가 있으며, 신산업과 구 산업 간 갈등 등이 문제가 되기 때문이다. 또한 각국의 역사적 맥락과 기술 발전 수준이 상이해 획일적인 접근이 어렵다. 그러나 이러한 상황에서도 지방 자치 단체 차원의 AI 조례 제정이 활발해지고 있으며, 경기도는 전국 최초로 AI 기본 조례를 제정한 바 있다. 이는 AI 거버넌스의 복합성이 다층적 법제 마련에 영향을 미칠 수 있음을 시사한다.

## AI 법제

AI 법제는 다양한 측면을 포괄한다. 기술적 맥락에서 보면, 전통적인 정보 통신 기술과 디지털 기술에서 AI 기술 중심으로 패러다임 변화가 일어나고 있다. AI 기술은 기존 기술과 근본적으로 다른 특성을 가지고 있다. 전통적 소프트웨어가 명시적 규칙 기반으로 작동한다면, AI는 데이터 학습을 통해 스스로 패턴을 찾아내는 기계 학습 방식을 채택한다. 이러한 '블랙박스' 특성과 예측 불가능성은 새로운 법적 접근을 필요로 한다.

이해관계자 측면에서는 크게 두 가지 입장이 대립하고 있다. AI 기술을 연구 개발하고 이를 통해 제품이나 서비스를 생산하는 기업들은 AI 진흥적 입장을 취하는 반면, AI 기술이나 제품, 서비스가 의도하지 않은 부정적 결과를 나타낼 때 피해를 받는 시민이나 이를 지원하는 시민 단체들은 AI 규제적 입장을 취한다. 딥페이크 문제는 AI 기술의 부정적 영향을 보여 주는 대표적 사례다. 2024년 딥페이크 기술을 활용한 합성 · 편집 피해 건수가 1384건으로 전년 대비 227% 급증했으며, 피해자의 97%가 여성으로 나타났다. 이러한 부정적 영향은 AI에 대한 규제 필요성을 높이게 된다.

각국의 AI 기술과 산업 발달 정도도 법제 마련에 영향을 미친다. EU와 미국의 차이가 이를 잘 보여 준다. 미국은 AI 기술 선도국으로서 진흥에 중점을 두는 반면, EU는 상대적으로 기술 경쟁력이 낮아 규제를 통한 질서 확립에 주력하고 있다.

AI 기술 발달은 일자리 위협이라는 현실적 문제도 제기하고 있다. KB국민은행은 2023년 말 AI 상담을 도입하면서 콜센터 용역 업체 직원 240여 명을 해고하겠다고 통보했으며, 마이크로소프트도 AI 투자 확대와 함께 두 차례 대규모 해고를 단행했다. 이러한 사례들은 AI 발전이 노동 시장에 미치는 직접적 영향을 보여 준다.

AI 규제에서는 위험 기반 접근(risk-based approach)이나 영향 기반 접근이 주요한 방법론으로 논의되고 있다. 이는 AI 시스템의 위험 수준에 따라 차등적 규제를 적용하는 방식으로, 효율성과 실효성 측면에서 주목받고 있다.

AI 기술의 진흥 관점에서는 데이터, 알고리즘, 컴퓨팅 파워라는 세 가지 핵심 요소가 중요하다. 양질의 데이터 확보, 혁신적 알고리즘 개발, 강력한 컴퓨팅 인프라 구축이 AI 경쟁력의 핵심이 되면서, 각국은 이러한 요소들을 지원하는 법제적 기반 마련에 주력하고 있다.

## AI 법제 국내외 사례

EU는 2021년 4월 「인공지능법」 초안을 발표한 후 3년여의 논의를 거쳐 2024년 3월 유럽의회에서 이를 최종 승인했다. 이 법은 AI 시스템을 위험도에 따라 4단계로 분류해 차등 규제하는 위험 기반 접근법을 채택했다. 금지된 AI, 고위험 AI, 제한된 위험 AI, 최소 위험 AI로 구분해 각각에 맞는 규제를 적용한다.

미국은 2022년 12월 「미국 인공지능 진흥법」을 제정하고 2023년 10월 「안전하고 신뢰할 수 있는 AI 개발 및 사용에 관한 행정 명령」을 발표해 AI 안전성과 혁신의 균형을 추구했다. 그러나 2025년 트럼프 행정부는 출범과 함께 AI 규제 완화 정책으로 전환해 「AI에서 미국 리더십을 위한 장벽 제거」 행정 명령을 발표했다.

우리나라에서는 EU 「인공지능법」의 영향을 받아 AI 법제 논의가 급진전되었다. 특히 21대 국회에서 다양한 법안이 논의되었고, 22대 국회 시작과 함께 AI 법제에 대한 정치적 관심이 높아지면서 정책의 창(policy window)이 열리게 되었다. 2024년 12월 국회 본회의를 통과한 「인공지능기본법」은 진흥과 신뢰 확보를 동시에 추구하는 특징을 보인다.

AI 법제의 성격은 EU는 규제 중심, 미국은 진흥 중심, 우리나라는 진흥과 규제의 균형을 추구하는 방향으로 정리할 수 있다. 우리나라 법제는 EU와 미국 양쪽의 영향을 받았으나, 법 제정 과정에서는 상대적으로 EU의 영향이 더 크게 나타났다.

그러나 「인공지능기본법」이 마련되었음에도 시행령 마련에 어려움을 겪고 있다. 또한 「지능정보화 기본법」, 「전자정부법」 등 기존 패러다임에 기반한 법제와의 정합성 문제도 해결해야 할 과제다. 향후에는 진흥과 규제의 단순한 이분법보다는 기술 발전을 견인하면서 그것이 가져오는 문제에 선제적으로 대응하는 통합적 관점의 새로운 법제 패러다임이 필요하다.

## 우리나라 AI 법제의 방향성

법제는 만들어진 정태적 결과물과 그 영향에 초점을 맞추는 경향이 있지만, 법제에 포함된 정책에 초점을 맞추면 이를 둘러싼 다양한 행위자들의 동태적 상호 작용을 이해할 수 있다. 행정학의 신제도주의 관점에서 법제는 행위자들 사이의 약속이며, 그 약속에 영향을 받는 개별 이해관계 행위자들, 이것을 공동체의 공적 틀 안에서 만

들어야 하는 책임이 있는 정부 행위자들, 그리고 모든 공동체 구성원들이 상호 작용하는 과정이자 결과물로 이해해야 한다.

또한 전체 법체계의 정합성도 중요하다. 다양한 법 제도들이 중첩적으로 존재하는 현실에서 법제를 합리화하는 과정이 필요하다. 중첩적 법 제도는 행위자들을 혼란스럽게 하고, 실제 해석 및 적용 과정에서 불필요한 갈등이나 충돌을 발생시킬 수 있다.

AI 시대 초창기에 다른 국가들과 AI 경쟁을 벌이는 상황, AI 기술이 전방위적으로 활용되면서 실제 피해 사례가 증가하고 있는 상황을 종합적으로 고려할 때, 안전하면서도 적극적이며 진취적인 법제 마련이 중요하다. 이를 위해서는 기술 발전과 사회적 수용성, 국제적 경쟁력과 국내적 안정성 사이의 균형을 찾는 지혜가 필요하다.

## 참고문헌

경기도의회(2024.6.18). "전국 최초 인공지능 기본조례안 경기도의회에서 시작". https://www.ggc.go.kr/site/main/xb/lwmkr/lawmakerpressrelease/277084

과학기술정보통신부(2024.12.26). "인공지능 시대의 새로운 서막, AI기본법 국회 본회의 통과".

https://www.msit.go.kr/bbs/view.do?sCode=user&mPid=208&mId=307&bbsSeqNo=94&nttSeqNo=3185321
라기원 외(2024.10.31). 《AI 활용과 대응을 위한 입법분야 조사 연구》. 한국법제연구원.
https://www.klri.re.kr/kor/publication/2254/view.do
박강민 외(2024.8.6). "유럽연합 인공지능법(EU AI Act)의 주요내용 및 시사점". 소프트웨어정책연구소.
https://spri.kr/posts/view/23764
서울경제(2025.7.3). "테크계 해고 급증 … 'AI 인력 대체 공포' 현실화".
https://www.sedaily.com/NewsView/2GV7GE8T1H
전국매일신문(2025.4.16). "딥페이크 피해 1년 새 227% 급폭증·97% 여성 … 범국가 전략적 대응 필요".
https://www.jeonmae.co.kr/news/articleView.html?idxno=1138420
한국경제(2024.12.26). "'AI 기본법' 국회 통과… 세계 두 번째로 인공지능 법제 마련".
https://www.hankyung.com/article/202412260600i
한국일보(2023.12.11). "국민은행 콜센터 240명 해고… 대부분 여성·저임금·비정규직".
https://www.hankookilbo.com/News/Read/A2023121115300002848
European Parliament and Council(2024). Regulation (EU) 2024/1689 of the European Parliament and of the Council of 13 June 2024 laying down harmonised rules on artificial intelligence. Official Journal of the European Union.
https://eur-lex.europa.eu/eli/reg/2024/1689/oj/eng
White House(2023.10.30). Executive Order 14110 of October 30, 2023: Safe, Secure, and Trustworthy Development and Use

of Artificial Intelligence. Federal Register.
https://www.federalregister.gov/documents/2023/11/01/2023-24283/safe-secure-and-trustworthy-development-and-use-of-artificial-intelligence

# 10
# 10년 후 AI 정부가 변화시키는 공무원과 국민의 삶

2025년 현재 AI 기술과 활용 수준을 기준으로 2035년 AI 정부의 모습을 시나리오 기법으로 전망한다. 긍정적 시나리오에서는 AI가 공공관리, 정책 과정, 현장 행정을 혁신해 맞춤형 서비스와 효율적 업무가 실현되지만, 부정적 시나리오에서는 AI 의존성 심화와 역량 격차로 인한 서비스 불평등이 우려된다. 이를 대비하기 위해 법제의 실효성 확보, 전 국민 AI 역량 교육, 데이터 활용 기반 구축, AI 산업 생태계 조성이 필요하다.

AI와 미래 의사?

## 시나리오 기법을 활용한 미래 AI 정부 예측

2025년 현재의 조건과 AI 기술의 발전을 고려해 시나리오 기법으로 10년 후 미래 2035년 정부의 모습을 검토하고, 이를 기반으로 현재 우리 정부가 준비해야 할 점을 살펴보고자 한다.

현재의 기본적인 조건은 다음과 같다. 챗지피티 4.5 정도의 GPT 모델들이 상용화되어 있으며, AI 에이전트의 급속한 확산이 진행되고 있다. 헬릭스 · X10D드론 · 완전 자율 주행 택시 정도의 피지컬 AI가 도입되기 시작했고, 「인공지능기본법」이 제정되었다. 인간의 삶과 일의 모든 영역에서 AI 기술이 적용되는 AX(AI transformation)와 공공 AX의 시작점에 있다. 「개인정보 보호법」의 강력한 규율로 인한 데이터 활용성 제한이 있고, AI 활용성 교육이 시작되었으며, 일자리 위협의 시작 단계에 있다. 이 외에도 디지털 격차 심화, AI 윤리 문제 대두, 사이버보안 위협 증가 등이 중요한 조건으로 작용하고 있다.

10년 동안의 AI 기술 발전과 후퇴, AI 제도의 발전과 후퇴, AI 역량의 발전과 후퇴 등을 고려해서 2035년 정부의 긍정적 또는 부정적 시나리오를 탐색한다. 정부의 모습은 내부 조직 관리 · 인사 관리 · 재무 관리 등의 공공 관리 관점, 정책 의제 설정 · 정책 분석 · 정책 결정 · 정책 집행 · 정책 평가 등의 정책 과정 관점, 민원 서비스 · 규제 집행 · 재난 대응 · 복지 수급 등의 현장 행정 관점, 공무원과 국민의 AI 활용 역량과 리터러시 관점 등 네 가지 관점으로 구분해 적용한다.

각 4명씩의 국민과 공무원을 상정한다. 국민의 경우 A씨는 20~30대 회사원, B씨는 40~50대 부모, C씨는 60대 은퇴자, D씨는 70~80대 고령자로 구성하며, 공무원의 경우 ㄱ씨는 9급 지방직 공무원, ㄴ씨는 5급 국가직 공무원, ㄷ씨는 중간 관리자급 공무원, ㄹ씨는 최고 관리자급 공무원으로 한다.

시나리오 분석은 클로드 데스크탑의 Sequential thinking MCP 서버와 Brave search MCP 서버를 활용한다. Sequential thinking MCP 서버는 복잡한 문제를 단계별로 분석하고 논리적 사고를 체계화하는 도구로, 미래 시나리오의 인과관계를 체계적으로 분석할 수 있게 해 준다. Brave search MCP 서버는 웹 검색을 통해 최신 정보와 다양한 자료를 수집하는 도구로, 현재의 정책 동향과 기술 발전 상황을 실시간으로 파악할 수 있게 해 준다.

## 2035년 정부의 AI 활용 모습

### 긍정적 시나리오

공공 관리 관점: 2035년 정부는 AI 기반 통합 관리 시스템을 통해 조직 관리가 최적화되었다. 인사 관리에서는 AI가 공무원의 역량과 성과를 분석해 적재적소 배치를 실현하고, 재무 관리에서는 예산 배분과 집행을 실시간으로 최적화한다. 정부 내부 업무 효율성이 50% 이상 향상되었다.

정책 과정 관점: 정책 의제 설정은 AI가 빅 데이터를 분석해 사회 문제를 선제적으로 발굴하고, 정책 분석은 시뮬레이션을 통해 정책 효과를 사전 예측한다. 정책 결정은 AI 보좌관이 다양한 시나리오를 제시해 의사 결정을 지원하며, 정책 집행은 AI 에이전트가 실시간 모니터링한다. 정책 평가는 연속적 데이터 분석으로 즉시 피드백이 이루어진다.

현장 행정 관점: 민원 서비스는 24시간 AI 상담원이 99%의 민원을 즉시 처리하고, 복합 민원도 원스톱으로 해결된다. 규제 집행은 AI가 위험 요소를 사전 탐지해 예방적 대응이 가능하며, 재난 대응은 AI 예측 시스템으로 골든타임을 확보한다. 복지 수급은 개인별 맞춤형 복지

를 AI가 자동으로 연계해 준다.

AI 역량 관점: 모든 공무원이 AI 협업 역량을 갖추었고, 국민들도 기본적인 AI 리터러시를 보유해 정부 AI 서비스를 효과적으로 활용한다.

#### 부정적 시나리오

공공 관리 관점: AI 시스템 의존도가 과도하게 높아져 시스템 오류나 해킹 시 정부 기능이 마비된다. AI 알고리즘의 편향으로 인해 불공정한 인사 관리와 예산 배분이 나타나며, 공무원들의 판단력이 퇴화되었다.

정책 과정 관점: AI가 도출한 정책 의제가 기존 패턴에 갇혀 창의적 해결책을 제시하지 못하고, 정책 분석에서 알고리즘 블랙박스 문제로 결정 근거가 불투명해진다. 정책 집행에서 AI의 획일적 적용으로 현장 상황을 고려하지 못하는 경직성이 나타난다.

현장 행정 관점: AI 민원 처리의 획일성으로 개별 상황을 고려하지 못하는 문제가 발생하고, AI 기술 격차로 인한 서비스 불평등이 심화된다. 재난 대응에서 AI 시스템 과의존으로 예상치 못한 상황에 대한 대응력이 저하되었다.

AI 역량 관점: 세대 간, 지역 간 AI 역량 격차가 심화되어 정부 서비스 접근성에 불평등이 발생하며, AI 기술을 이해하지 못하는 시민들이 소외되는 디지털 민주주의 위기가 나타난다.

## 정부를 만나는 국민의 삶의 단면

### 긍정적 시나리오

A씨(20~30대 회사원)는 스마트폰 앱 하나로 모든 정부 서비스에 접근한다. 주민등록등본은 AI가 필요 시점을 예측해 자동 발급되고, 세금 신고의 경우 AI가 최적화된 절세 방안까지 제시한다. 취업 지원 서비스는 개인 역량 분석을 통해 맞춤형 일자리를 추천한다.

B씨(40~50대 부모)의 경우 자녀 교육 지원은 AI가 개별 학습 패턴을 분석해 최적 교육 프로그램을 연결해 준다. 부모 급여, 아동 수당 등 복지 혜택은 AI가 자동으로 신청하고 지급한다. 건강 검진 결과를 토대로 AI가 맞춤형 건강관리 서비스를 제공한다.

C씨(60대 은퇴자)의 경우 연금 상담은 AI 상담원이 개인 상황을 종합 분석해 최적 수급 전략을 제시한다. 평생교육 프로그램은 관심 분야와 거주지를 고려해 AI가 추천한다. 의료 서비스는 AI가 증상을 사전 분석해 적절한

의료 기관을 안내한다.

D씨(70~80대 고령자)는 음성 인식 AI를 통해 복잡한 정부 서비스도 대화로 쉽게 이용한다. 건강 상태를 AI가 모니터링해 응급 상황 시 자동으로 119에 신고한다. 복지 사각지대 발굴 AI가 필요한 지원을 선제적으로 연결해 준다.

### 부정적 시나리오

A씨(20~30대 회사원)는 AI 시스템 오류로 신용 정보가 잘못 관리되어 대출 심사에서 불이익을 받는다. 개인 정보 보호 우려로 정부 AI 서비스 이용을 기피하게 되고, 기술 변화 속도를 따라가지 못해 새로운 정부 서비스 이용에 어려움을 겪는다.

B씨(40~50대 부모)의 경우 AI 교육 추천 시스템이 획일화된 교육만 제시해 자녀의 창의성 발달을 저해한다. 복지 AI 심사에서 알고리즘 편향으로 정당한 혜택을 받지 못하고, 이의 제기 과정도 복잡해 포기하게 된다.

C씨(60대 은퇴자)는 AI 기술 활용 능력 부족으로 정부 서비스 이용이 어려워지고, 디지털 격차로 인해 각종 혜택에서 소외된다. AI 의료 진단의 한계로 오진이나 과소 진단 문제가 발생한다.

D씨(70~80대 고령자)의 경우 AI 음성 인식이 방언이나 발음을 제대로 인식하지 못해 서비스 이용이 제한된다. AI 의존도 증가로 인한 사회적 고립감이 심화되고, 복잡한 AI 인터페이스로 인해 오히려 정부 서비스 접근성이 악화된다.

## 정부에서 근무하는 공무원의 삶의 단면

**긍정적 시나리오**

ㄱ씨(9급 지방직 공무원)의 경우 민원 접수부터 처리까지 AI가 자동화해 단순 반복 업무에서 해방되었다. AI 법령 검색 시스템으로 정확한 민원 상담이 가능하고, 데이터 분석 업무는 AI가 수행해 정책 기획에 집중할 수 있다. 야근 없는 정시 퇴근이 일상화되었다.

ㄴ씨(5급 국가직 공무원)의 경우 AI 정책 분석 도구로 고도의 정책 연구가 가능해졌다. 여러 부처 간 협업에서 AI가 일정 조율과 자료 공유를 자동화해 효율성이 향상되었다. 국정 감사 자료 작성도 AI가 지원해 업무 부담이 대폭 감소했다.

ㄷ씨(중간 관리자급 공무원)의 경우 AI 예산 분석 시스템으로 최적의 예산 배분안을 도출하고, 정책 효과 시

뮬레이션으로 의사 결정 품질이 향상되었다. 팀원들의 업무 배분과 진도 관리를 AI가 지원해 효율적인 팀 운영이 가능하다. 상급자 보고와 하급자 지도 업무에서 AI가 적절한 소통 방식을 제안해 준다.

ㄹ씨(최고 관리자급 공무원)의 경우 AI 통합 대시보드로 조직 전체의 성과를 실시간 모니터링하고 전략적 의사 결정을 내린다. AI가 제공하는 정책 시뮬레이션과 예측 분석을 바탕으로 장기 비전을 수립한다. 국정 현안에 대한 AI 분석 보고서로 신속하고 정확한 정책 판단이 가능하며, 대국민 소통에서도 AI가 여론 분석과 메시지 최적화를 지원한다.

**부정적 시나리오**

ㄱ씨(9급 지방직 공무원)의 경우 기본적인 업무 처리 방법을 모르게 되어 AI 시스템 장애 시 업무 마비가 발생한다. AI가 처리할 수 없는 복잡한 민원에 대한 대응 능력이 퇴화되었고, AI 도입으로 인한 인력 감축 압박으로 고용 불안을 겪는다.

ㄴ씨(5급 국가직 공무원)는 AI 정책 분석에 과도하게 의존해 현장 감각과 창의적 사고력이 저하되었다. AI 알고리즘을 이해하지 못해 정책 오류를 발견하지 못하고,

기계적 업무 처리로 인해 직무 만족도가 하락했다.

ㄷ씨(중간 관리자급 공무원)는 AI 의존도 증가로 전문적 판단 능력이 약화되어 위기 상황 대응력이 저하되었다. 팀 내 갈등 상황에서 AI가 제시하는 획일적 해결책을 적용하면서 인간적 소통이 부족해졌다. 상급자와 하급자 사이에서 AI 시스템 오류에 대한 책임 소재가 불분명해 중간 관리자로서 스트레스가 가중되었다.

ㄹ씨(최고 관리자급 공무원)는 AI가 제공하는 정보에만 의존해 정치적 직감과 리더십이 약화되었다. 복잡한 이해관계가 얽힌 정책 결정에서 AI 분석의 한계로 인한 오판이 발생할 위험이 높아졌다. AI 시스템의 대규모 오류나 보안 사고 발생 시 조직 전체의 책임을 져야 하는 부담과 정치적 리스크가 급증했다. AI 윤리 문제나 알고리즘 편향으로 인한 사회적 논란의 최종 책임자가 되어야 하는 압박이 가중되었다.

## 성공적인 AI 정부 구현을 위한 제언

10년 후의 상황 전개를 고려해서 AI를 적극적으로 활용하려는 정부의 입장에서 긍정적 상황을 극대화하고 부정적 상황을 최소화하기 위한 전략적 접근이 필요하다. 이하에서는 법제, 역량, 기술, 산업의 네 가지 측면에서 선제적 추진 전략을 제시한다.

우선 법제적 측면에서 「인공지능기본법」의 실효성 있는 시행을 위한 시행령과 시행 규칙 등 관련 세부 규정의 마련과 함께, AI 활용 촉진의 관점에서 상당한 정도의 규제 혁신이 필요하다. 진흥 중심의 법제 운영을 통해 AI 도입 속도를 가속화하는 동시에 인디지털 포용법, 고영향 AI 영향 평가, 민간 자율 AI 윤리위원회 등의 새로운 제도의 정착, 공공 AI 윤리위원회나 AI 감사와 같은 보완적 제도 도입, AI 사고 시 신속한 대응 체계 구축 등 리스크를 사전 관리해야 한다.

또한 「개인정보 보호법」과 데이터 활용 간의 조화를 위해 공적 목적의 데이터의 경우 원천적으로 연계와 활용이 가능하게 하는 동시에 AI 학습용 데이터 마련 시 개인 정보 보호 활용과 처벌 기준을 강화하고 지속적으로 업데이트함으로써 데이터 기반 AI 서비스 고도화를 지원해야 한다.

다음은 역량적 측면으로, 전 국민 대상 AI 리터러시 교육 체계를 단계적으로 확대 구축하되 특히 공공 조직의 AI 전문성 확보에 집중해야 한다. 공무원 AI 역량 인증제 도입, AI 전문 직렬 신설, 민간 AI 전문가 적극 영입 등을 통해 정부의 AI 활용 역량을 선도적 수준으로 끌어올려야 한다. 세대 간, 지역 간 격차 해소를 위한 맞춤형 교육 과정 개발과 지속적인 역량 업데이트 시스템을 구축해 디지털 포용성을 강화하되, 동시에 AI 리터러시 우수 집단을 통한 확산 효과를 극대화해야 한다.

기술적 측면에서는 우선 학습 데이터의 확보를 위해 공공 데이터를 전면 개방하면서도 차분 프라이버시나 동형 암호와 같은 개인 정보 보호 기술 도입을 강화해 데이터 활용성과 보안성을 동시에 확보할 필요가 있다. 또한 표준화 측면에서 정부 AI 플랫폼 통합 구축과 국제 표준 선도 참여를 통해 AI 생태계의 상호 운용성을 극대화해야 한다. 그리고 시스템 측면에서 AI 시스템의 안정성, 보안성, 투명성을 보장하는 기술적 기반을 조기 구축하되, 동시에 AI 시스템 장애 시 즉시 복구 가능한 백업 체계와 수동 운영 체계를 병행 운영해야 한다.

마지막으로, 지속 가능한 AI 환경 구축을 위해 산업적 측면을 고려해야 한다. 우선 일자리와 관련해 AI로 인한 일자리 대체를 기회로 전환하기 위한 선제적 재교육 프로그램과 AI 기반 신산업 일자리 창출에 집중해야 한다. 또한 AI 산업 인력 수급 측면에서 대학 교육 과정의 근본적 개편과 산학 협력 심화를 통해 세계 최고 수준의 AI 인재 양성 체계를 구축해야 한다. AI 스타트업 육성을 위해 규제 샌드박스 전면 확대와 정부 주도 AI 투자 펀드 조성을 통해 AI 혁신 생태계를 적극 지원해야 한다. 그리고 AI 산업 기반을 위한 인프라로 컴퓨팅 파워와 데이터 센터 확보에 주력해야 한다. 정부는 2025년 현재 국가 AI 컴퓨팅센터 구축을 통해 GPU 1만 5000개 규모의 1EF급 슈퍼컴퓨터를 2027년까지 완공할 계획이며, 연내 GPU 1만 장 확보와 2030년까지 국산 AI 반도체 비중 50% 확대를 목표로 하고 있다. 울산 AI 데이터센터의 GPU 6만 장 규모 등 민간 데이터센터 투자도 적극 지원하고 있다.

이러한 전략적 준비를 통해 2035년 AI 정부의 성공적 구현이 가능해질 것이다. AI 기술에 기반한 정부의 혁신적이고 긍정적인 변화는 보다 나은 국민의 삶과 지속 가능한 행복의 증진에 한 걸음 더 다가설 수 있는 가능성과 기회를 높일 것으로 기대된다.

## 참고문헌

개인정보보호위원회(2021.5). "인공지능(AI) 개인정보보호 자율점검표". https://www.privacy.go.kr/front/bbs/bbsView.do?bbsNo=BBSMSTR_000000000049&bbscttNo=12468

개인정보보호위원회(2023.8). "인공지능 시대 안전한 개인정보 활용 정책방향".

https://www.pipc.go.kr/np/cop/bbs/selectBoardArticle.do?bbsId=BS074&mCode=C020010000&nttId=9083

과학기술정보통신부(2025.1.14). "2025년 과학기술정보통신부 주요 정책방향". 대한민국 정책브리핑. https://www.korea.kr/briefing/policyBriefingView.do?newsId=156670089

과학기술정보통신부(2025.5.23). "AI컴퓨팅자원 활용기반 강화사업(GPU 확보·구축·운용지원)". https://www.nipa.kr/home/bsnsAll/0/detail?bsnsDtlsIemNo=819

김용성(2019.8.19). "인공지능(AI) 시대 주요국의 인재양성 정책 동향". 소프트웨어정책연구소. https://spri.kr/posts/view/22756?code=data_all&study_type=industry_trend

대한민국 정책브리핑(2025.7.14). "AI 대전환의 시대 데이터센터 지원하고 GPU확보 속도 내고". https://www.korea.kr/news/policyNewsView.do?newsId=148945875

디지털플랫폼정부위원회(2025.4.16). "공공부문의 효과적이고 안전한 AI 도입·활용 지원을 위한 범정부 가이드 배포". https://www.dpg.go.kr/DPG/contents/DPG02020000.do?schM=view&id=20250416111508521337

바이라인네트워크(2025.7.2). "AI 정부 구축 앞장서는 공공 AX 사업 현황은?". https://byline.network/2025/07/702313/

법제처 미래법제혁신기획단(2024.7). "인공지능(AI) 관련 국내외 법제 동향". 《법제소식(최신 입법 트렌드)》, 28~45쪽. https://www.moleg.go.kr/legnl/legnlInfo.mo?mid=a10403000000&leg_nl_pst_seq=3813&currentPage=1&&keyField=

ALL&keyWord=&yr=2024&mn=07
서정화·이창규(2025). “인공지능(AI) 감사 도입 방안 연구”. 《회계·세무와 감사 연구》, 67(2), 1~26쪽.
에이아이타임스(2020.8.7). “정부, AI시대 대비한 전 국민 대상 인공지능·소프트웨어 교육체계 만든다”. https://www.aitimes.kr/news/articleView.html?idxno=17283
우하린·송방현(2024). “국가별 공공부문 AI 도입 및 활용 전략: 영국, 호주, 미국 사례를 중심으로”. 《KIPA 정부혁신 트렌드》, 4. 한국행정연구원. https://innovation.go.kr/ucms/bbs/B0000003/view.do?nttId=17695&menuNo=300252&searchType=3&requestURI=%2Fucms%2FpcyDta%2FpcyDta%2Fsearch.do&groupId=pcyDta&lcnt=10&searchKeyword=&pageIndex=1
이재흔(2025.2). “AI산업 뒷받침하는 인프라 확충과 지원정책 본격 추진”. 《KDI 나라경제》, 14~15쪽. https://eiec.kdi.re.kr/publish/naraView.do?fcode=00002000040000100001&cidx=15060&sel_year=2025&sel_month=02
조선비즈(2023.10.6). “정부, AI ‘일자리 위협’에 노동자 보호 법제 마련 착수”. https://biz.chosun.com/it-science/ict/2023/10/06/NYGKFPVWKRA3RK6PEQ277U3G3M/
컴퓨터월드(2025.1.31). “생성형 AI 시대, 국내 데이터센터 산업은 ‘경색’”. https://www.comworld.co.kr/news/articleView.html?idxno=51438
케이트리(2025). 《MCP로 똑똑하게 일하는 법》. 제이펍.
한국경제(2025.2.7). “‘국가 AI컴퓨팅센터’에 GPU 1만5000개 넣는다”. https://www.hankyung.com/article/2025020711811

**윤건**

한신대학교 공공인재빅데이터융합학전공 부교수다. 서울대학교에서 행정학 박사학위를 받았고, 한국행정연구원 사회조사센터장과 부연구위원, 사회보장위원회 통계·행정데이터 전문위원회 위원, 인천광역시 데이터기반행정위원회 위원, 교육부 교육데이터전략위원회 위원 등을 역임했다. 현재 인천광역시 지능정보화위원회 위원, 고용노동부 양성평등위원회 위원으로 활동하고 있다. 주요 저서로 《인공지능 정부》(2024), 《인사행정론》(2024) 등이 있으며, "데이터 거버넌스 실증연구"(2023), "디지털정부 연구의 현재와 미래"(2024) 등 AI 정부, 데이터 기반 행정, 공공조직·인사관리 분야 연구 논문 40여 편을 등재 학술지에 게재했다.